SDGsと防災教育

持続可能な社会をつくるための自然理解

藤岡達也

大修館書店

はじめに

　「文明が進めば進むほど天然の暴威による災害がその激烈の度を増す」は寺田寅彦（明治〜昭和にかけての科学者・随筆家，東大地震研設立に大きな貢献）の名言と言えるでしょう。科学技術の発達，社会の発展は私達に様々な便利さや恩恵を与えてくれます。しかし，ひとたび災害が発生するとその影響は時代が進むほど大きくなります。2011年に生じた福島第一原子力発電所事故の被害は大きく，廃炉までの見通しは立たず，今なお自宅に戻れない避難者が約4,500名もいます。また2020年に中国武漢で最初の感染例が確認された新型コロナウイルス感染症は，日本だけではなくヨーロッパ，そして世界全土に広がっていきました。海外どころか，国内でも繰り返し緊急事態宣言が発令され，交流が遮断され，オリンピック・パラリンピックから経済界まで大きな影響を受けました。企業や教育界では，オンラインによるつながりは増え，今後の活用も見込まれていますが，SNS等の便利さは逆に多くの犯罪を誘発していることも事実です。

　持続可能な社会の構築が謳われてから久しくなりました。かつて日本では，公害の理解，自然保全の教育から環境教育が重視されていましたが，今日では，持続可能な開発のための教育（ESD：Education for Sustainable Development），そして，持続可能な社会のための開発目標（SDGs：Sustainable Development Goals）などが国際的に共通の課題になっています。SDGsには17の目標と169のターゲットが記されています。ある意味では全世界の人々が人間らしく生きていくには，当然と言えば当然の内容でしょう。その根底には現在の地球上に生きる人々だけでなく，将来にわたっても，全ての人が貧困，紛争などから逃れ，安全，安心に生きていくことの願いがあります。そのためにも，今後一層，自然と人間との関わり，人間と人間（社会）とのつながりの重要性を再認識することが求められています。

　本書で取り上げる災害に対する姿勢もこれらの関係性を踏まえておくことが前提です。危険予測や危険回避の適切な態度は子供たちだけでなく，

大人にとっても大切です。基本的には自然災害につながる可能性のある自然現象の理解が必要です。自然を知ることが，防災への第一歩となります。未知なものに対する恐怖感が誤った判断につながることは避けなくてはなりません。これは自然災害だけでなく，放射線や新型コロナウイルス感染症のような新たな災害などでも同様です。正しく知って正しく恐れることが重要です。また，災害は過去のことや遠い世界のことと考えないで，自分達とも無関係でないという意識を持つことも望まれます。仮に自分がその被害に遭わなかったとしても，被災者や被災地の気持ちや状況を理解し，自分達には何ができるかを考える機会になってもらいたいと思います。

　本書では，自然の二面性が意識されることを願っています。近年，災害の面から自然がクローズアップされることがあります。気候変動が人間に与える影響も無視することができないようになっています。しかし，自然は，日常的には私たちに恵みを与えてくれることが多いのです。つまり，自然の美しさ，ダイナミクスなどから，自然のすばらしさを知ることも大切です。何より自然の神秘性や空間・時間スケールの広大・長大さを実感できるようになると，それが災害につながることも理解できるようになるでしょう。また，自然を理解するためには，日常から自然と接して体験することも不可欠であると言えます。何気なく目にしている自然景観の深さや恵みを意識してもらえることを期待しています。その中で，人間が自然とどう向き合って，そして国を越えて，どのように協力して生きていくかを，本書をきっかけとして考えていただければ幸いです。

令和3年5月
滋賀大学大学院教育学研究科教授　藤岡達也

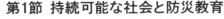

第**2**章

自然災害・複合災害の基礎知識 ―SDGsを進めるために

第3節 原子力発電とエネルギー問題

第**3**章

予測

災害への備えと

第**4**章
自然環境理解と持続可能な社会の構築

＊本書で引用しているSDGsのゴールやターゲットは,外務省の仮訳に拠っています。

第1章

SDGsを踏まえた防災・減災

持続可能な社会と防災教育

1 ESD・SDGsと自然災害

（1）持続可能な社会の構築と環境理解

　今，2030年までの達成が求められている「SDGs（持続可能な開発目標）」が国際的にも注目されています。SDGsは，2000年に国連のサミットで採択された「MDGs（ミレニアム開発目標）」が2015年に達成期限を迎えたことを受け，これに代わる新たな世界の目標として定められました。これらは突然，キャッチフレーズのように現れたわけではありません。詳しくは後でも触れますが，「国連持続可能な開発のための教育（ESD）の10年（2005〜2014）」の成果ともつながっています。さらに遡りますと，1970年代のローマクラブによる「成長の限界」，その約20年後の「限界を超えて」など，地球環境問題の解決に向けた継続的，かつ全人類的な課題として捉えられてきています。日本では，自然保護・保全などの重視と共に，公害問題が環境問題のスタートと言われることがあります。

　国際的にも，と紹介しましたが，ESDやSDGsなどが，国連で採択されているところに，重要な意味があります。そもそも国連は世界の平和と安全（安定）を守るために存在します。今日，それらを阻害するものとして，戦争や紛争以外にも，貧困や格差につながったり，健康を脅かしたりする様々な「災害」があげられます（2020年の新型コロナウィルス感染症などパンデミックも含まれるでしょう）。

　その災害につながる自然現象，例えば地震・噴火・豪雨などは，人間がいくら努力しても防ぐことはできません。本書では，防災教育という言葉を用いても，できる限り災害による被害を少なくするという減災の意味も含めています。近年では，国連防災世界会議での防災の英訳は "Disaster

Risk Reduction" が使われていることからも減災についての解釈ができます。さらに最近では，防災教育には減災だけでなく，復興教育の意図があったり，レジリエンス（強靱性）のねらいも備わっていたりしています。

　環境問題は，南北問題とも関わり，これまでも開発途上国と先進諸国との間で調和が図られ，国際的な会議でも取り上げられてきています。災害によって，より大きな被害を受けるのは貧困層や子供たちのような社会的弱者とも言えます。SDGsで，全ての人達に，と記されているように，現在直面している喫緊の課題や自然災害に関する取り組みは，世界各地の人々や次の時代に生きる人たちも意識する必要があることなのです。

(2) SDGsと防災・減災

　SDGsには，直接的に自然災害と関わったり，災害につながる自然現象や社会体制への課題解決につながったりするゴールやターゲットがあります。実は，SDGsの17のゴールや169に及ぶターゲットの一つひとつが防災，減災，復興，レジリエンスに関する内容と無関係ではありません。ESDのねらいでも記されているような自然と人間との関わり，人間と人間（社会）とのつながりを理解することが，これからの教育，啓発において最も重要であると言えるでしょう。

　図1-1にSDGsの17のゴールを示します。ここでのキャッチフレーズを詳しく記したのが**表1-1**です。本書では紙幅の関係から全てを取り上げることができず，必要な内容は本文中に直接記載します。また，関連したSDGsのゴールとターゲットの内容を取り上げる時には，SDGs1.1やSDGs2.aのように示していきます。

　さらに，**表1-2**に，MDGsの8つのゴールを示します。この表から，MDGsの発展したものがSDGsであることが理解できるでしょう。MDGsは開発途上国に主眼を置いていたのに対し，SDGsは世界的な取り組みであることがわかると思います。

＊1　ローマクラブとは，スイスのヴィンタートゥールに本部を置く民間のシンクタンクであり，この「成長の限界」（1972年第1回報告書）は世界的に注目された。

図1-1　SDGsの17のゴール

表1-1　SDGsのゴールのより詳しい内容

目標
1	あらゆる場所のあらゆる形態の貧困を終わらせる
2	飢餓を終わらせ，食料安全保障及び栄養改善を実現し，持続可能な農業を促進する
3	あらゆる年齢のすべての人々の健康的な生活を確保し，福祉を促進する
4	すべての人々への包摂的かつ公正な質の高い教育を提供し，生涯学習の機会を促進する
5	ジェンダー平等を達成し，すべての女性及び女児の能力強化を行う
6	すべての人々の水と衛生の利用可能性と持続可能な管理を確保する
7	すべての人々の，安価かつ信頼できる持続可能な近代的エネルギーへのアクセスを確保する
8	包摂的かつ持続可能な経済成長及びすべての人々の完全かつ生産的な雇用と働きがいのある人間らしい雇用（ディーセント・ワーク）を促進する
9	強靱（レジリエント）なインフラ構築，包摂的かつ持続可能な産業化の促進及びイノベーションの推進を図る
10	各国内及び各国間の不平等を是正する
11	包摂的で安全かつ強靱（レジリエント）で持続可能な都市及び人間居住を実現する
12	持続可能な生産消費形態を確保する
13	気候変動及びその影響を軽減するための緊急対策を講じる
14	持続可能な開発のために海洋・海洋資源を保全し，持続可能な形で利用する
15	陸域生態系の保護，回復，持続可能な利用の推進，持続可能な森林の経営，砂漠化への対処，ならびに土地の劣化の阻止・回復及び生物多様性の損失を阻止する
16	持続可能な開発のための平和で包摂的な社会を促進し，すべての人々に司法へのアクセスを提供し，あらゆるレベルにおいて効果的で説明責任のある包摂的な制度を構築する
17	持続可能な開発のための実施手段を強化し，グローバル・パートナーシップを活性化する

表1-2 MDGsの8つのゴール

目標1 極度の貧困と飢餓の撲滅		**目標5** 妊産婦の健康の改善	
目標2 初等教育の完全普及の達成		**目標6** HIV／エイズ，マラリア，その他の疾病の蔓延の防止	
目標3 ジェンダー平等推進と女性の地位向上		**目標7** 環境の持続可能性確保	
目標4 乳幼児死亡率の削減		**目標8** 開発のためのグローバルなパートナーシップの推進	

出典：https://l.pglx.com/eET8

　SDGsの目標では，「2030年までに」と記されていますが，ここに示されたそれぞれのゴールやターゲットがそれまでに達成できるかどうか，懸念されるものもあります。中には「2020年までに」と示されているターゲットもあります。日本では「SDGsアクションプラン2020」を2019（令和元）年12月に打ち出し，その後の10年を2030年の目標達成に向けた「行動の10年」とすべく，2020年に実施する政府の具体的な取り組みを盛り込みました。

　SDGs実施指針には，SDGsの達成に向けて8つの優先課題が掲げられています。この8つの優先課題は，国連がSDGsを採択した文書「2030アジェンダ」に掲げられている5つのP（Planetなど）に対応しています。課題のうち「省・再生可能エネルギー，防災・気候変動対策，循環型社会」など，Planetに関する内容が本書に大きく関わります。「SDGsアクションプラン2020」は，東京オリンピック・パラリンピックなどを踏まえていたところもありますが，自然災害の削減，防災・減災については，命に関わることだけに，すぐに取り組む必要があります。

　日本における自然災害への取り組みは，グローカル（グローバルとローカルの両方を合わせた言葉）な課題の一つと言っても良いでしょう。かねてから地球環境問題の解決には，"Think globally, Act Locally"（世界規模で考え，身近な地域で行動しよう）が言われてきました。グローカルな防災とは，国内の地域特有の自然災害への対応から国際社会全体を考え，個人レベルから国際レベルまでの認識に立つものです。

　本書では，自然と人間，人間と人間（社会）の関わり・つながりを考え

直すために，自然災害と防災・減災教育について，SDGsの観点から検討していきます。

2 国際的な防災・減災

（1）日本の国際貢献と国連防災世界会議

　災害や紛争などの発生が，一層国際情勢を不安定にする中で，日本に期待されることは少なくありません。世界の平和と安全（安定）を維持する国連への拠出金はGDPと比例しているため，**表1-3**に示したように日本はアメリカ，中国に次ぐ負担をしています。

　国連の目的を妨げ，平和と安全を脅かすものとしては，戦争と共に自然災害等があります。前者をなくしたり，後者の被害を最小限に抑えたりすることはSDGsのゴールとも関係します。端的に現れているのが，SDGs1.5に示された「2030年までに，貧困層や脆弱な状況にある人々の

表1-3　国ごとの国連への拠出金（外務省，2020）

	2014年			2020年		
	国名	分担率（%）	分担金額（百万＄）	国名	分担率（%）	分担金額（百万＄）
1	アメリカ	22.000	621.2	アメリカ	22.000	678.6
2	日本	10.833	276.5	中国	12.005	336.8
3	ドイツ	7.141	182.2	日本	8.564	240.2
4	フランス	5.593	142.7	ドイツ	6.090	170.8
5	イギリス	5.179	132.2	イギリス	4.567	128.1
6	中国	5.148	131.4	フランス	4.427	124.2
7	イタリア	4.448	113.5	イタリア	3.307	92.8
8	カナダ	2.984	76.2	ブラジル	2.948	82.7
9	スペイン	2.973	75.9	カナダ	2.734	76.7
10	ブラジル	2.934	74.9	ロシア	2.405	67.5

強靭性（レジリエンス）を構築し，気候変動に関連する極端な気象現象やその他の経済，社会，環境的ショックや災害に暴露や脆弱性を軽減する。」でしょう。

　日本がESD，SDGsと連動した国連防災世界会議等へ関わっていくことは，今後も重要になっていくと思われます。

❶ 国連防災世界会議とUN/DESD

　ESDと国連防災会議との関係は深いものがあります。世界で初めて開催された国連防災世界会議（神奈川県・横浜市）の翌年，1995年に阪神淡路大震災（兵庫県南部地震）が発生し，その10年後，2005年1月に第2回国連防災世界会議が被災地の兵庫県神戸市で開催されました。この会議では国際社会における防災活動の基本指針である「兵庫行動枠組2005-2015（Hyogo Flamework for Action: 以後HFAと略記）」が採択されました。

　枠組での優先事項は次の5つです。

(1) 防災を国，地方での組織的，法的優先課題に位置付け，実行のための強力な制度基盤を確保する。

(2) 災害リスクを特定，評価，観測し，早期警報を向上させる。

(3) 全てのレベルであらゆる防災文化を構築するため，知識，技術革新，教育を活用する。

(4) 潜在的なリスク要因を軽減する。

(5) 効果的な応急対応のための事前準備を全てのレベルで強化する。

　注目されるのは，優先事項の(3)に防災教育の重要性が指摘されていることです。関連して，自然災害の被害を受けた後の復興やその支援だけでなく，災害を未然に防いだり，削減したりする取り組みも記載されています。さらに，HFAは，2005年からの「国連持続可能な開発のための教育の10年（以後UN/DESDと略記）」と連動していることは特筆に値します。ESDとほぼ同時期に日本から国連に提出したHFAは，国際社会への貢献として日本がリーダーシップを取った重要な働きかけと言えます。

　UN/DESDを踏まえ，日本の教育界では，「我が国における『国連持続可能な開発のための教育の10年』実施計画」（2006年3月30日），「国連持続可能な開発のための教育の10年」（関係省庁連絡会議決定，2011年6

月3日改訂）に基づいて,「人格の発達や,自立心,判断力,責任感などの人間性を育む」という観点と,「個々人が他人との関係性,社会との関係性,自然環境との関係性の中で生きており,「関わり」,「つながり」を尊重できる個人を育む」という観点を重視して,ESDを推進してきました。この2つの観点のうち,前者はこれまでも日本の教育で取り組まれてきたことと言えるでしょう。後者の観点は2011年の東日本大震災の教訓とも関連して,防災・減災そして復興を見据えた教育と大きく関わっていると考えられます。

　教育に関してはSDGsゴール4に「すべての人々への包摂的かつ公正な質の高い教育を提供し,生涯学習の機会を促進する」とあり,SDGs4.7に「すべての学習者が,持続可能な開発を促進するために必要な知識及び技能を習得できるようにする」と明言されています。

　図1-2は具体的なESDの取り組みの内容の一例です。この図からも防災教育やそれと関連する教育活動の重要性が読み取れます。

　「国連持続可能な開発のための教育の10年」の最終年2014年11月には,持続可能な開発のための教育（ESD）に関する国連ユネスコ会議が名

図1-2　ESDにおける防災教育

図1-3　国連ユネスコ会議での各国のブース

古屋市及び岡山市で開催されました（**図1-3**）。日本を始め世界各国におけるUN/DESDの活動を振り返ると共に，2014年以降のESD推進方策について議論し，ESDの更なる発展を目指すことが目的とされました。

　また現在では，「持続可能な開発のための教育：SDGs実現に向けて（ESD for 2030）」が国連で採択されています。

　「UN/DESD」の後継プログラムである「グローバル・アクション・プログラム（GAP：Global Action Program）」は，2013年11月の第37回ユネスコ総会で採択された後，2014年12月の第69回国連総会にて承認されました。これは，「政策的支援」「機関包括型アプローチ」「教育者」「ユース」「ローカルコミュニティ」の5つを優先行動分野としており，2015年以降，このGAPに基づいてESDの取り組みが推進されました。さらに，このGAPの後継が前述のESD for 2030であり，2019年12月の第74回国連総会で採択されました。ESDの強化とSDGsの目標実現によって，持続可能な世界の構築を目指すものです。

❷ 東日本大震災と国連防災世界会議

　ところで，第2回目の国連防災世界会議後の2007年から，第3回国連防災世界会議開催前の2013年まで隔年で，国連防災プラットホーム会議が国連事務局のあるスイス・ジュネーヴで開催されました。これは，HFAの実現化を目指したもので，**図1-4**は第1回目の会議の様子です。

図1-4 スイス・ジュネーヴでのプラットホーム会議

　2011年の東日本大震災の後，2015年3月に第3回目の国連防災世界会議が被災地の1つである仙台市を中心として開催されました（**図1-5，図1-6**）。これで，第1回目から第3回目まで，国連の防災世界会議は全て日本で開催されたことになります。日本の本会議のねらいは，外務省によると，次の2点です。まず，国際協力及び各国の国内政策における「防災の主流化」を促進すること，次に東日本大震災その他の自然災害を通じて得られた日本の防災・復興の知見を広く世界各国に発信・共有すること，でした（東日本大震災被災地の復興状況の発信も含んでいます）。

　この会議には185の国が参加し，日本で開催された史上最大級の国連関係の国際会議となりました（参加国数では過去最大）。防災の主流化を進める上で，国際社会の政治的なコミットメントを得た，大きな成果とされています。この会議の最終日には，兵庫行動枠組（HFA）の後継となる新しい国際的防災指針である「仙台防災枠組2015-2030」と，防災に対する各国の政治的コミットメントを示した「仙台宣言」が採択されました。なお，「仙台防災枠組2015-2030」は，SDGs11.bとして，「2020年までに，包含，資源効率，気候変動の緩和と適応，災害に対する強靭さ（レジリエンス）を目指す総合的政策及び計画を導入・実施した都市及び人間居住地の件数を大幅に増大させ，仙台防災枠組2015-2030に沿って，あらゆるレベルでの総合的な災害リスク管理の策定と実施を行う。」と明確に位置付けられています。

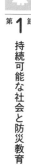

図1-5　第3回国連防災世界会議での東北復興フォーラム

図1-6　防災教育国際交流フォーラムの紹介の様子

COLUMN: レジリエントな社会構築と 防災教育・地域防災力の向上を目指して

　国連防災世界会議では，国レベルの会議からパブリック・フォーラムまで，様々な会議が開催されました。その中の1つ，防災教育交流国際フォーラムは，内閣府（防災担当），文部科学省等，防災教育オールジャパンのような体制で催されました。

　このコラムでは，最終的なフォーラムの宣言，「レジリエントな社会構築と防災教育・地域防災力の向上を目指して」を紹介します。

＜仙台宣言2015年3月14日＞

　防災教育はすべての防災対策の礎である。自然災害を乗り越える力は，過去の経験，先人の知恵を学び，家庭・学校・社会において協働で日頃から実践し育んでいくわたしたち一人一人の能力にかかっている。その力を組織的に高める試みが防災教育である。わたしたちは，防災教育を積極的に進め，自然災害から尊い命を一つでも多く救い，多くの人々と協力しながら厳しい状況を克服していかなければならない。本日のフォーラムでは，日本と世界で防災教育に関わる多様なステークホルダーによる交流が行われ，様々な経験と教訓，および活発な発動が紹介された。災害を乗り越え復活する力を備えた「レジリエント」な社会を構築するために，地域ぐるみによる防災教育を通じた地域防災力の向上が必要不可欠であることが確認された。私たちは，国内外のネットワークをもとに以下の活動に取り組み，第3回国連防災世界会議で採択されるポストHFA（Hyogo Framework for Action；兵庫行動枠組）の推進に貢献していくことを宣言する。

1. 国内外の被災地ならびに被災懸念地域と連携し，各学校や地域等での実践を支援し，経験を共有するとともに，学校防災・地域防災における研究者・実践者の人材育成を進める。
2. 世界各国における自然災害リスクの軽減を念頭に，学校防災，地域防災に関して，東日本大震災を含む日本の大規模災害からの教訓を国際的に積極的に発信する。
3. ポストHFAにおいて，国連機関等が推進する「セーフスクール」の枠組みと連携し，国際的に展開可能な学校防災や地域防災に関する研究，実践，普及，高度化に貢献する。
4. レジリエントな社会の構築に向けて，「持続可能な開発のための教育（Education for Sustainable Development：ESD）」との連携を図りつつ，災害アーカイブ等の震災記録の活用を含む，「地域に根ざした」全ての市民を対象とする防災教育モデルの開発，実践，普及，高度化を目指す。

（2）SDGsと防災教育

　繰り返しますが，持続可能な開発目標（SDGs）とは，2001年に策定されたミレニアム開発目標（MDGs）の後継として，2015年9月の国連サミットで採択された「持続可能な開発のための2030アジェンダ」にて記載された，2030年までに持続可能でより良い世界を目指す国際目標です。17のゴール・169のターゲットから構成され，地球上の「誰一人取り残さない（leave no one behind）」ことを誓っています。SDGsは発展途上国のみならず，先進国自身が取り組むユニバーサル（普遍的）なものであり，日本も積極的に取り組んでいます。

　先述のように，SDGsゴール4に「すべての人々への包摂的かつ公正な質の高い教育を提供し，生涯学習の機会を促進する」とあります。教育分野の目標が独立して示され，持続可能な社会の実現に教育が重要な役割を占めていることは，これまで通り教育が重視されていると言えるでしょう。特に教育は本書とも関係が深いので，ターゲットと共に，別のところでも紹介していきます。

　まず，SDGsのゴールとターゲットの中で説明されている，防災・減災に関する内容を紹介します。

　ゴールやターゲットの内容を簡単に説明した言葉には，「自然災害」や「防災」の言葉が見当たらないかもしれません。しかし，ターゲットの内容には記されているので，具体的に紹介していきます。SDGs1.5では，「2030年までに，貧困層及び脆弱な状況にある人々の強靱性（レジリエンス）を構築し，気候変動に関連する極端な気象現象やその他の経済，社会，環境的ショックや災害に暴露や脆弱性を軽減する。」，SDGs2.4では，「2030年までに，生産性を向上させ，生産量を増やし，生態系を維持し，気候変動や極端な気象現象，干ばつ，洪水及びその他の災害に対する適応能力を向上させ，漸進的に土地と土壌の質を改善させるような，持続可能な食糧生産システムを確保し，強靱（レジリエント）な農業を実践する。」，SDGs11.5では，「2030年までに，貧困層及び脆弱な立場にある人々の保護に焦点をあてながら，水関連災害などの災害による死者や被災者数を大幅に削減し，世界の国内総生産比で直接的経済損失を大幅に減らす。」，

SDGs13.1では,「すべての国々において,気候関連災害や自然災害に対する強靱性（レジリエンス）及び適応力を強化する。」が示されています（下線は筆者）。

　植生,生態系など,自然の保全・環境保護の重要性は述べるまでもありません。特にSDGsゴール14「持続可能な開発のために海洋・海洋資源を保全し,持続可能な形で利用する」,SDGsゴール15「陸域生態系の保護,回復,持続可能な利用の推進,持続可能な森林の経営,砂漠化への対処,ならびに土地の劣化の阻止・回復及び生物多様性の損失を阻止する。」が示されており,それぞれにより細かいターゲットが記載されています。こうした自然の保護は,そのベースとなる,気候・気象,地形・地質・岩石についてまず知ることから始まると言ってよいでしょう。これらについては第2章で詳しく述べます。

3 防災・減災とレジリエンス

（1）災害が歴史に与えた影響

　大きな自然災害や事故災害が起きた場合,国レベル（都道府県レベルでも）から個人レベルまで,回復は決して容易ではありません。社会的弱者が災害によって大きな被害を受けるのはいつの時代,どの地域でも同じです。2020年に発生した新型コロナウイルス感染症によって生じた影響でも,そのことが明確になりました。高齢者への配慮が不足することや,経済的な不安を多く抱えた企業・人々の困窮状態が長期的に続くことが懸念されます。そのためにも,社会的な支援や保障等の整備を国全体,組織全体で考え,対応する必要があります。場合によっては国を超えた協力や支援体制も不可欠です。ただ,残念なことに国が困窮すると国内での不満や不安を解消するために,ほかの国へ批判を向けるような政策や世論が見られます。

　これまでも国や地域の取り組み,支援等によって,壊滅的な被害を免れたり,それなりの復興が可能であったりしたケースは存在します。しかし,残念ながら後から見て,それらの取り組みが必ずしも社会的にも個人

的にも，復旧・復興に効果があった，役に立ったとは思えないこともあります。場合によっては，国家や政権すら災害から立ち直れず，そのまま崩壊した歴史もあるのです。

　日本の歴史を見ても，織豊政権下で徳川家康が生き延び，後に政権を確立できたことについて，天正大地震（1586），慶長伏見地震（1596）を無視できません。1584年小牧・長久手の戦いの後，豊臣秀吉は家康を滅ぼす必要があると考え，10万の大軍を準備していましたが，天正大地震のため，それどころではなくなってしまいました。慶長伏見地震も，豊臣政権を弱体化させたと考えられています。一方，後の徳川幕府にしても，安政年間に発生した一連の東海地震，南海地震，さらには安政江戸地震などによって，大きな影響を受けます（この時期には大規模な風水害もありました）。日本史の教科書的には，1853年のペリー来航，1854年の日米和親条約から江戸幕府討幕の流れとなっていますが，自然災害から日本史を捉え直してもおもしろいのではないでしょうか。

　現代では，阪神淡路大震災，東日本大震災時に自民党政権下ではなかったことは，同政党にとってプラスの方向に働いたことが考えられます（2020年度の新型コロナウィルス感染症対応時には総理大臣が辞職しましたが，今後，政権にどのような影響が出るでしょうか）。

　被害を最小限に抑えたり，復旧・回復等を早めたりするためには事前の準備や喫緊時の適切な対応が必要です。組織や個人が大きなダメージを受けた時，精神的・物理的なレジリエンス（強靭性）を備えるためにどのような対応が期待されているのか，ここでは様々な事例から検討していきたいと思います。

(2) 災害にも強いレジリエンス
❶ 国レベルのレジリエンス

　近年，内閣府の「レジリエントな防災・減災機能の強化」（2014〜2018年），「国家レジリエンス（防災・減災）の強化」（2018年〜）等で，「レジリエンス」という言葉が登場しました。今日，様々なところでレジリエンスという言葉を耳にしますが，そもそもレジリエンス（resilience）と

は，「弾力」や「復元力」「回復力」を意味する言葉です。

　従来から多くの分野でこの言葉は用いられていました。例えば，物理学では「（物理的な）外の力からのゆがみを跳ね返す力」という意味で，使われる言葉でした。心理学の領域の中でも見られるようになっています。精神が受ける重圧として，ストレス（stress）という言葉が用いられますが，これも元々は物理学の用語であり，「外力によって生じるゆがみ」と訳され，心理学ではレジリエンスと対をなして使用されることもあります。

　このほか，「国土強靭化（ナショナル・レジリエンス）」が内閣府官房によって示されています。Webページでは，「国土強靭化（ナショナル・レジリエンス），防災・減災の取組みは，国家のリスクマネジメントであり，強くてしなやかな国をつくることです。また，日本の産業競争力の強化であり，安全・安心な生活づくりであり，それを実現する人の力を創ることです。国民の命と財産を守り抜きます。」と示されています。国土強靭化についての目標は，具体的に以下のように掲げられています。

1．人命の保護が最大限図られること
2．国家及び社会の重要な機能が致命的な障害を受けず維持されること
3．国民の財産及び公共施設に係る被害の最小化
4．迅速な復旧復興

　近年は国内外で自然災害が頻繁に発生することに対応するため，このように防災・減災，復興はハード面・ソフト面共に取り組むことが協調されています。今後は，国が直面する様々な危機に対してナショナル・レジリエンスの言葉が頻繁に使われるようになってくることが考えられます。新型コロナウィルス感染症への対応も，これまでのナショナル・レジリエンスへの取り組みの成果が問われていると言えるかもしれません。「with コロナ」「after コロナ」などの言葉も聞きますが，恐れたり慌てたりせずに，感染症について正しく理解し，冷静に対応することが求められます。今後もレジリエンスが必要な場面が繰り返し現れてくると考えられるからです。

❷ 個人レベルのレジリエンス

個人レベルにおいても災害のストレスに直面した際，強いストレスを受けなかったことにするのではなく，これを受けとめ，さらには跳ね返したり，適応したりする力として「レジリエンス」が使用されるようになっています。

多くのプロ野球球団の監督を務めた故野村克也監督の名言に「まさかの勝ちはあっても，まさかの負けはない」があります。自然災害や事故災害などの発生についても同じことが言えるかもしれません。災害に対して「まさかの奇跡はあっても，まさかの被害はない」こともあるでしょう。つまり，災害に遭わなかったとしても検証することは必要です。あらかじめ準備や心構えがあったから防げたのか，偶然に助かったのかを再検討・考察することが大切です。

事故や災害の拡大要因には，悪条件が重なったり，人為的なミスが重なったりということも見られます。初期対応の失敗が，その後の復旧・復興の遅れにつながることもあります。

「想定外の」とか「運が悪かった」などは，被害を受けた人に対して，その人の責任を問わないように，思いやりのある言葉として使われることもありますが，組織のリーダーは，これらの言葉は口に出すことができません。多くの人の安全・安心や立場を守るためにも，防災・減災の視点からの備えが必要です。

様々な危機を未然に察知したり，適切な対応をしたりして「大過なく」務めることがリーダーの責任です。そのことを考えると，退職する人が最後に口にする感謝の言葉「皆様のおかげで大過なく務めることができました」は感慨深いと思います。実際は「大禍なく」であったかもしれません。

(3) 日々の危機管理のトレーニング

❶ スポーツの世界では

実は，危機管理のトレーニングはスポーツの世界では自然となされていることが多いのです。例えば，試合や大会の直前になって，主力選手が試合に出られなくなった時にどう対応するかが，リーダーやチームに求めら

れます。まず，日常から様々なケースを想定して選手に練習をさせます。控えの選手に経験を積ませておいたり，レギュラーと控えの差をできる限り縮めておいたりするとか，別のポジションにも対応できるようにしておくなどです。

　さらに，試合中，想定外のことが起こって，突然大きなピンチに立たされることもあります。その場合，動揺しない，冷静になるなどのメンタルトレーニングが必要になります。最小失点で切り抜ける，何とか守り切るにはどうすれば良いかを緊急時に判断できる能力はスポーツの経験から培うことができます。試合等で相手の動きを見極め，自分の置かれた状況を踏まえ，瞬時に判断して，適切に行動する。この姿勢は，災害時でも求められます。つまり，緊張感の中で，試合の経験を積んできたスポーツ選手は，災害が発生したり，その直後の対応が求められたりする時に，その習慣を応用できることが期待できます。

　また，管理職やリーダーの経験も役立つことがあります。過去と同じ方法では対応が難しい状況に陥っても，今まで蓄積してきた経験が，新たな危機にも活用できることがあります。良い管理職やリーダーというのは，このような危機を乗り越えてきた人とも言えるでしょう。

　近年では，平時に重要なPDCAサイクルよりも，緊急時ではOODAサイクルが重要と言われます。つまり，まず情報収集（Observe），次に状況判断（Orient），そして意思決定（Decide），行動（Act）へと対応するサイクルです。

❷ 危機管理に対する想像力を豊かにする

　自然災害に対する科学的な知識を持つことの重要性は，兵庫行動枠組（HFA）にも示された通りです。体験が科学的な知識と合わさると相乗効果が期待できます。しかし，実際に自然災害を体験しなかったとしても，災害に関する科学の知識を積み上げることは大切ですし，防災訓練などを実施して危機管理を学んだり，歴史から，さらには「読書」のような代理経験から学んだりすることも可能です。一言で述べると想像力を豊かにするための努力を怠らないことです。

　被災状況や被災者への支援を考える場合にも想像力が不可欠ですし，知

識や訓練などの日頃の備えの積み重ねは，喫緊時にも大きな力となります。正確な知識を持つことが，防災・減災，物理的・精神的なダメージからの回復を早めるのです。70年代の公害でも，原子力発電所事故でも，最近の新型コロナウィルス感染症にしても，未知なものに対して，人は恐怖感を持ちます。恐れが偏見や謂れのない差別につながることも珍しくありませんでした。

　これは古くからある問題で，現在まで解消されずに存在しており，迷信として残っている場合もあります。ただ，未知なものの原因がわかり，科学的な知見に基づいて対応ができるようになれば，偏見はなくなります。病気や放射線も同様です。得体の知れない怖さから解放され，正しい対処方法を導くことができるのです。

COLUMN: 「安全文化」「災害文化」の構築

　残念ながら，日常の平穏な日々のありがたさを実感しているのは，事故・災害などの経験を持つ人だけかもしれません。しかし，予定通り物事が進む毎日を送れることが当然と思っていては，危険が近づいた時の対応をしくじることになります。

　例えば，警報等が発表されたり，避難指示が発令されたりした時，人間はどうしても心理的なバイアスがかかり，自分は避難しなくても大丈夫と思ってしまいます。避難指示が発令され地域に危険が迫っている時でも，避難することの億劫さがある人や，危機が迫っていることの実感が少ない人も多いのではないでしょうか。避難することによって無駄な時間や労力を費やしたくない人や，コロナ禍の最中に避難所に行くことの方がより危険と考えたりする人もいるでしょう。

　その結果，適切な対応が取れなかったり，避難が遅れてしまったりします。確かに日常では，困ったことが起こりそうであったり，不安な状態に陥りそうであったりした時には「大丈夫だ，心配することはない。」など楽観視することも大切です。しかし，安全や危機管理については逆の意識が重要です。常に最悪の状態を想定して，慎重に対応する習慣をつける必要があります。

　結果的に何も起こらなかったとしても，時間や労力の無駄だったとは思わず，「災害が発生しなくて良かった」と思えることが，安全文化，防災文化の基本です。例えば，火災や地震等に備えて保険に加入することを無駄と思う人はあまりいません。これも安全文化の1つの表れなのです。

第2節 防災・減災に関する教育や活動の重要性

　本節では，防災・減災を学ぶことが，これからの時代，なぜ重要なのかを，7つの観点から整理します。これからの防災・減災教育に期待したいことでもあり，自分自身の生き方と合わせて，単に自然災害から自分自身や周囲の人を守るだけではないことに気付いてもらえればと思います。

1 地域の過去を知ることの大切さ

(1) 自然の歴史と人間の歴史

　まず，自然の歴史の長さと人間の生きてきた時代の長さを比べた場合，想像もつかないほどの自然の長さに気づきます。例えば，地球46億年の歴史を1年間に縮小した場合を考えてみましょう。

　原始地球の誕生を1月1日とします。陸と海が形成されるなど，地殻がほぼでき上がったのが，2月中旬です。原始生命が誕生したのが2月下旬，真核生物（細胞に核を持つ）が誕生したのが7月上旬です。オゾン層が形成され，紫外線から地球表面が守られてきたのが11月中旬，そして生物が陸上に出始めるのが11月下旬です。その後，生物が進化を続け，恐竜が12月中旬に繁栄します。12月26日，巨大な隕石が地球に衝突することによって恐竜はじめ多くの生物が絶滅します。代わってその頃から哺乳類が繁栄し始めます。新人（現生人類）の登場は大晦日の午後11時37分となります（**表1-4**）。こうした地球上の主な歴史を**表1-5**に示してみました。

表1-4　地球の歴史カレンダー

1/1	2月中旬	2月下旬	7月上旬	11月上旬	11/19	11月下旬
地球誕生	地殻形成	原始生命誕生	真核生物誕生	オゾン層形成	古生代の始まり	生物が上陸
12/12	12/26	12/27	12/28	12/29	12/30	12/31
中生代の始まり	新生代の始まり	→			→	現生人類誕生

表1-5　地球の年表（藤岡達也『絵でわかる世界の地形・岩石・絶景』講談社より）

時代区分			年代〔年前〕	主な生物界の動向
顕生代	新生代	第四紀	260万	
		新第三紀	2300万	人類の出現
		古第三紀		被子植物の多様化 哺乳類の発展
	中生代	白亜紀	6600万	恐竜・アンモナイトなどの絶滅
				被子植物の出現
		ジュラ紀	1億4500万	鳥類の出現 爬虫類・アンモナイトの繁栄
		トリアス紀（三畳紀）	2億100万	原始的哺乳類の出現
	古生代	ペルム紀（二畳紀）	2億5200万	三葉虫・フズリナ類などの絶滅
			2億9900万	爬虫類の出現
		石灰紀	3億5900万	シダ植物の繁栄 脊椎動物の上陸
		デボン紀	4億1900万	植物の上陸
		シルル紀	4億4300万	
		オルドビス紀	4億8500万	最古の脊椎動物 爆発的な動物の進化
		カンブリア紀	5億4100万	
先カンブリア時代	原生代			多細胞生物の出現
	太古代（始生代）		25億	光合成生物の出現
	冥王代		40億	生命の誕生
			46億	

地球誕生という，そこまで古い時代でなく，人類が登場した有史以来のことを考えてみましょう。例えば，稲作農業の伝わった弥生時代に遡ると約2000年前（先ほどの年表で言うと大晦日の午後11時59分を過ぎています）になります。これでも非常に古く感じるかもしれませんが，地球の歴史から考えるとごく最近のことです。

　実際，私達の生活の場は，弥生時代が始まった頃の自然環境と大きくは変わっていません。稲作農業の伝来と共に，人間はそれまで住んでいなかった河川周辺に生活・生産基盤を移しましたが，これが水害に出遭うきっかけになったとも言えます。

　弥生時代以降，現在に至るまで，かつて水害が生じやすかった場所は現在でもそのような土地条件であると考えてください（なお，自然災害につながる気象条件，地殻変動等の自然現象のそれぞれのメカニズムについては次章で説明します）。自然界の歴史から見ると，自然災害に関わる地域の特質（地形・地質・気候・気象など）である自然条件は大きく変わっていないことが，その理由です。つまり，人間が今住んでいる場所はどのようなところか，中山間部や丘陵地か，河川の近くか，海の近くか，によって，災害につながる自然現象が発生する可能性は違っており，まずは自然環境や自然条件を知ることこそが，防災・減災の基本と言えるでしょう。

　同時に，それらの自然環境は人間が住み始めてから基本的には変化していないことを理解する必要があります。最終氷期以降の後期旧石器時代，また縄文時代などは海進・海退などの影響もありましたが，弥生時代以降，そこで起こる自然現象や自然環境は巨視的に見た場合，大きく変わっていません。その結果，人が同じ場所で生活する限り，自然災害は繰り返されることになります。

　それにも関わらず，自然災害によって被害を受けた人は，まさかこの地域で地震が生じるとは思わなかった，河川が氾濫してここまで浸水するなど聞いたことがなかった，と驚くことが多いのです。それは，私たちが生きてきた時代や自分の経験は，地域の歴史から見るとごくわずかの時間内にとどまっていることに気づかなかったからかもしれません。

　さらに土地条件が大きく変わるのは，人間の自然への働きかけが主な原

因となることが多いのです。近年，社会の発展や科学技術の発達に伴い，人間による地形改変が著しくなってきました。そのため，従来では発生しなかった災害も生じるようになっています。SDGsゴール11「包摂的で安全かつ強靭（レジリエント）で持続可能な都市および人間居住を実現する。」は弥生時代から現在までの課題です。

（2）繰り返される津波による被害

　2011年に発生した東日本大震災では，東北地方の沿岸部を巨大地震による津波が襲いました。国内に住んでいる人も，津波の言葉の意味は知っていても，実感として恐ろしさを感じたのは初めてだったと言ってよいでしょう。最大の被害が生じた宮城県では，これほどまでの大きな地震津波の被害に遭ったのは1000年以上前の貞観地震以来とも言われます。

　岩手県など東北地方を中心とした三陸沖での地震津波は，近代の明治以降に限っても3度発生しています。1896（明治29）年，1933（昭和8）年の三陸地震津波，そして2011（平成23）年東日本大震災によって発生した巨大津波です。太平洋側では，過去の津波の被害が石碑に残されているところも多く存在します（**図1-7**はこれらの明治，昭和，平成の地震津波が記録されている石碑です）。

図1-7　明治から平成までの地震津波の記念碑（岩手県）

西日本の太平洋側の海岸に目を向けても同じことが言えます。南海トラフ型の地震（太平洋からのフィリピン海プレートが，西日本を載せているユーラシアプレートに潜り込むことが原因で発生する）によって，これまでも東海地震や南海地震などが繰り返されてきています。これらの地震周期は早ければ約90年，長くとも約120年とおよそ100年です（**図1-8**は東海〜南海にかけての地震と津波による被害）。1944年〜1946年に発生した東南海，南海地震を最後として考えると，今後30年以内にこの地域に地震が起きる可能性は80％以上と言われるのもうなずけます。

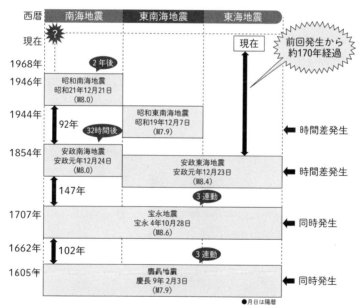

図1-8　周期的に繰り返される東海〜南海地震（高知県庁）

　先ほど，三陸沖地震による津波で石碑が建てられたことを紹介しましたが，江戸時代の安政の東海地震，南海地震（1854年）後にできた記念碑が大阪府にあります（**図1-9**）。石碑はいろいろなところに建てられます。しかし，それらは単なる記念碑（モニュメント）ではありません。先人が将来の人に残してくれたメッセージです。

例えば，図1-9の石碑には，どのようなことが書かれているのか，少し内容を見てみましょう。「…大地震，家崩れ出火…」「…山の如き大浪立つ…」「大地震の節は津浪起らん事を兼て心得，必ず船に乗るべからず」，そして，最後には「…毎年墨を入れよ」で締めくくっています（下線は筆者による）。

　ややもすると，大阪の人は東日本大震災で発生した津波の被害を他人事と感じるかもしれません。しかし石碑は，過去に大阪湾でも津波が発生しており，再び生じることをリアルに呼びかけています。下線部は，地震が発生した時は火災が生じることを知っていた人達が河川の船の中に避難し，逆に津波被害に遭ったことを教訓としています。

　石碑には「毎年墨を入れよ」と書かれており，地震への備えを忘れないようにすることも記されています。ただ，残念ながら建立から数年経つと，墨を入れることもなくなり，再び入れるようになったのは，東日本大震災後になってからであるようです。

図1-9　安政南海地震の記念碑（国土地理院提供）

日本海側も過去を振り返れば，地震による津波が全くないわけではありません。1983年の日本海中部地震の時は，発生した津波によって103名の犠牲者が生じ，その中には遠足に来ていた小学生もいました。当時は日本海側には津波が来ないと考えられていただけに，大きな衝撃が走りました。

　図1-10を見ると，日本列島に向かってプレートが押し寄せてくる太平洋側に比べれば，内海と思われるような日本海では，津波の発生の可能性が少ないのは事実です。ただ，日本海側にも大規模な地震は何度も発生しており，今後も発生の可能性が高い地域であるため，津波の発生も無視することはできません。1964年の新潟地震でも津波が記録されていますし，海岸部に近い活断層の動きによって津波が発生する可能性もあることを忘れてはなりません。

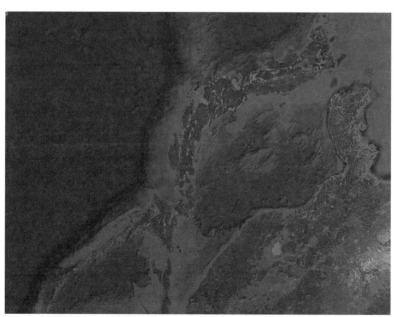

図1-10　海に面した日本列島の太平洋側・日本海側の違い（Google Earth提供）

（3）全国各地に発生する風水害

　日本列島どこにも見られるのが風水害です。特に梅雨前線が発達している時期，台風が日本を襲う時には大きな被害が発生します。次章で述べますが，台風の経路は季節によって違っています。日本列島の中で，人口や資産が集中する都市は河川によってつくられた沖積平野に位置しています。言い換えれば沖積平野は河川の氾濫によって形成されました。それだけに，都市部ではいつ河川氾濫が生じても不思議ではありません。

　また，山がちの日本列島では，集中豪雨等によって，地すべり，がけ崩れ，土石流などの土砂災害が頻繁に発生します。大規模な斜面崩壊などの土砂災害は，地震によって生じることもあります。

　一方で，雨がほとんど降らないと，旱魃（かんばつ）が発生することがあります。現在でも，干害によって，農業等が大きな影響を受けることも珍しくはありません。

（4）地域特有の自然災害

　自然現象には，特定の地域の特色として見られるものがあります。日本列島には活火山が多く存在し，噴火が繰り返し発生してきました。桜島（鹿児島県）では，小規模な噴火に伴う火山灰の影響に対して，外に洗濯物を干さない（干せない）などの対応をしながら人々は生活しています（図1-11）。

図1-11　桜島の様子（japan007/PIXTA提供）

予測が難しい大規模な火山噴火も日本では何度も発生してきました。噴火の後から判断すると，前兆に相当したと考えられる現象もありますが，予測が困難であることには違いありません。また，火山の噴火としてはそれほど大きくなくても，突然の水蒸気爆発によって64名という戦後最大の犠牲者が生じた御岳山の例（2014年）もあります。

次に，豪雪の例です。雪の多い地域では，雪を文化として考えることもできます。スキーなどのスポーツやレジャーなどの視点からでは，災害とはほど遠いものと考えられるかもしれません。ただ，豪雪によって道路が遮られ集落が孤立したり，雪おろしの最中に人が亡くなったりするなどして，毎年のように被害が発生している地域も見られます。春先には，雪崩や雪崩地すべりによって大きな被害が生じることもあります。

豪雪というと北海道や日本海側など，限られた地域を想像する人も多いと思いますが，日本は豪雪地帯が国土の50%を超えています（p.90参照）。

（5）将来に備えるためにはまず過去を知る

以上のように自然災害は繰り返し発生しています。確かに過去に災害の経験があった場合，具体的な備えや対応はしやすいでしょう。しかし，災害が発生する周期は人間の一生と比べて長く，人々がそこに住み始める以前にすでに発生していることも珍しくありません。また，災害への備えがされていたとしても，想定以上の自然現象が発生したり，防災のための構築物によってかえって被害が大きくなったりすることもあります。

いずれにしても，将来の自然災害に備えるためには，まず，過去にその地域が遭った自然災害を知ることが大切です。さらに，できればその地域の過去の自然環境を知っておくことも望まれます。と言うのは近年，地形改変が著しくなり，かつての地形が見ただけではわからなくなっているところも多いからです。例えば，以前は谷であったり，湖沼や川などの水域であったりしたところが，現在では住宅地となっています。そういった場所では豪雨時等に，水の流れが集中しやすかったり，地盤そのものが弱かったりします。土地の過去を知っておくことは，将来の自然災害から逃れられることにもつながるので，住宅の購入時などに必要な情報と言えます。

2 移動の著しい時代における 各地域の災害理解

(1) 様々な自然環境と災害

　過去に生じた自然災害は，今後も同じ地域で発生する可能性があります。というより確実に生じるでしょう。ここでは，日本列島の各地域の自然や社会の多様性を踏まえながら，様々な地域の自然環境と災害を知ることの大切さ，防災・減災に重要な視点を簡単に紹介します。

　日本列島の国土としての面積は，決して広いとは言えませんが，多種多様な自然環境を持つため，各地域で発生する自然災害も異なり，その頻度が高いことは事実です。発生しやすい自然災害の種類も，台風や前線の発達による豪雨など都道府県を超えた広い範囲から，個人の住宅地が立地する狭い範囲のレベルまでスケールは異なります。

　さらに，海岸付近の地域，それも太平洋側と日本海側によっても違ってきます。前線や季節風等の影響によって，降雨量（降雪も含む）の多さが災害につながる場合もあります。逆に降水量が少ない地域では旱魃が生じることもあります。中山間部の盆地や，沖積平野などの河川流域の自然環境の中に住居があるため，わずかの距離の差で大きな被害を受けた地域と被害のほとんどない地域とに分かれることも珍しくありません。加えて原子力発電所が立地する地域，火災が発生すると広がりやすい地域とそうでない地域など，二次災害につながる自然条件，社会条件などの環境による災害の多様性もあります。

　ちなみに海が存在しない県（群馬県，埼玉県，栃木県，長野県，岐阜県，滋賀県，奈良県）では，東日本大震災で見られたような津波による被害は生じないと言っても良いでしょう。全くゼロとは言い切れませんが，その時は日本沈没レベルの災害と思ってください。

　火山についても同様です。日本列島には活火山が存在しない府県や地域も存在します（東京都にも活火山はあります）。こうした地域は火山の噴火に備える必要がないので，火山の知識は不要でしょうか。これまでも始良カルデラ，鬼界カルデラの噴火など，日本列島全体に影響を及ぼす大噴火

がありました（これについては後述します）。自分の住む地域ではどれくらいの火山噴火を意識しておく必要があるのか，スケールの違いによる対策に戸惑うこともあるかもしれません。

(2) 多様な災害についての理解

　日本列島に住んでいる限り，自分の住む地域以外での自然災害にも関心を高めておく必要があります。それは，近年の移動（異動）の著しい時代，同じ場所でずっと生活しているとは考えられないからです。短期間での滞在を考えるとなおさらです。ましてこれからの時代を生きる子供たちにとってはそれ以上でしょう。自分の住んでいる地域で発生する可能性が高い災害を学ぶことは重要ですが，それ以外の地域，つまり日本列島の中で生じやすい自然災害の種類は知っておくことが求められます。

　直接の自然災害だけでなく，事故につながる自然現象の理解も不可欠です。例えば，豪雪地帯では，除雪によって車が普通に走れるように思いますが，雪に慣れていない太平洋側から来た人が交通事故を起こすことが多いのも事実です。

　では，海外での自然災害はどれほど知っておく必要があるでしょう。国外でも日本と同様の大規模な自然災害が発生する場所があります。2004年のスマトラ沖地震による津波などはその例です。

　一方で，「トルネード」や「スーパーセル」と呼ばれるような，日本の突風や竜巻より規模の大きい災害も発生します。**図1-12**はスーパーセルの構造です。これまでは，日本列島においてアメリカの平原で生じるような家屋や大型トラックまで吹き上げる竜巻は観測されていませんが，結果的に大きな被害を生じた突風などは観測されています。

　また，モンゴルには「ゾド」という，寒冷による動物への大きな被害が時々見られます。一般に自然災害とは，人間に影響を与える現象を指し，人間以外の生物の被害は災害の範囲にはいれませんが，その動植物によって生計を立てている人がいる場合には災害になります。

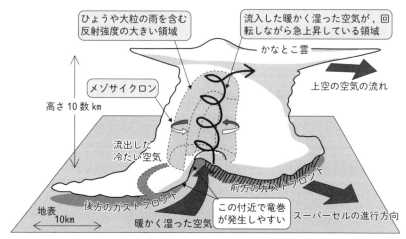

図1-12　スーパーセルの構造（気象庁）

3 各地域における新たな結び付き

（1）自助・共助・公助

　前節でも触れましたが，防災教育では，「自助・共助・公助」の言葉がよく使われます。まず基本となるのは，自分のことは自分で守ること。これが「自助」です。災害発生直後など周囲に人がいない場合は，自分で判断して，危険から逃れたり，安全な場所に避難したりするしかありません。子供は大人から守られるといっても，常に周囲に大人がいるとは限りません。自分で適切な対応がとれる能力が培われている必要があります。日常からの心構えや準備をしておくことが大切なのです。

　次に家族，近隣住民などで，お互いが助け合うのが「共助」です。日々の生活でも大規模な災害が発生した時でも，最も長い時間を一緒に過ごすのは家族であることが多いのです。また，大震災等が発生した場合，自衛隊や消防団，行政等が支援に駆け付けるには時間がかかります。日常の近所同士のつながりが，緊急時の最大の支援となります。阪神淡路大震災の時は，近隣住民によって助けられた人も多くいました。淡路島北淡町では，近所の人が普段はどの部屋で就寝しているか想像がついていたので，

倒壊していた家屋の中からその場所を探して救助したことが語られています。日常から地域の結びつきが強いところは，大きな災害が発生した時でも復興は早いことが言われているのです。

そして，地域や国などの広い範囲で救出活動や支援を行うのが，「公助」となります。大規模な自然災害が発生した場合，「自助」「共助」には限界があり，「公助」に頼らざるを得ません。例えば，自衛隊は国内における地震・風水害・火山噴火・雪害等の自然災害やその他災害に対し，都道府県知事等の要請に基づき，防衛大臣等の命令により派遣されます。そして捜索・救助，水防，医療，防疫，給水，人員や物資の輸送など，様々な災害派遣活動を行います。

特に緊急を要し，要請を待つ時間がないと認められる時は，要請がなくても部隊等が派遣されます。これは1995（平成7）年阪神淡路大震災時の教訓から防災業務計画が修正されたもので，2004年の中越地震等での効果的な救援・救出につながったと言えるでしょう。**図1-13**は2004年の新潟・福島豪雨，中越地震での自衛隊の災害派遣の状況です。

図1-13　新潟・福島豪雨，中越沖地震等での災害派遣

自衛隊の被災地での活動には，救出作業，食料・飲料配布，復旧作業など，様々な活動があるのはよく知られています。意外な活動として，演奏活動によって，避難所の人たちを励ますことがあります（**図1-14**）。また，避難所では，炊き出しだけでなく，**図1-15**のようにライフラインが停止している時の浴場の設営も見られます。

図1-14　自衛隊の演奏活動

図1-15　避難所での浴場設営

国レベルだけでなく，各都道府県レベルでも大規模な災害時を想定して，様々な取り組みが見られます。例えば，東京都では，大地震などの災害時，その巨大な人口から物資供給が不十分で大混乱の発生が考えられます。そこで，最近では，災害時の物資供給体制の強化に向けて，民間物流事業者等と，災害時における広域輸送基地（都が国等から供給される支援物資を受け入れ，区市町村の施設に輸送する物資拠点）の運営等に関する協定及び災害時における広域輸送基地からの物資輸送等に関する協定を締結しています（東京都総務局総合防災部防災計画課，2020より）。この協定によって，災害時に都から都内区市町村等に円滑に物資を供給することが可能になると期待されています。

（2）学校に期待される避難所の運営

❶ 学校避難所における教職員の役割の変化

大きな自然災害が発生した時，日本では行政の担当者が対応し，コミュニティーセンターや学校などで避難所運営にあたることになっています。学校が避難所となることが多いのは，物理的に建物の構造がしっかりしていること，精神的にも教職員がいることなどが挙げられます。

阪神淡路大震災や中越地震の頃は，学校教員が「全体の奉仕者」として，避難所活動にもあたっていました。2006（平成18）年に改正された教育基本法では，「全体の奉仕者」という言葉はなくなりました。

その後，学校教員の役割は，児童生徒の安全確保，児童生徒の安否確認，学校教育活動の早期正常化となっていきました。学校の体育館などが避難所になっていたとしても，避難所運営は，市町村防災担当部局の業務です。しかし，現実にはすぐに防災担当部局が避難所運営に携われないなど緊急時の対応が厳しいことがあります。東日本大震災，熊本地震など多発する自然災害によっても，被災地の学校や教職員による避難所運営の協力が不可欠であることが明らかになりました。

そこで，2017年の文部科学省「大規模災害時の学校における避難所運営の協力に関する留意事項について（通知）」によって，学校教員の協力も必要と明記されました。以下のような項目があります。

1. 学校が避難所になった場合の運営方策
2. 学校の組織体制の整備
3. 災害時における教職員の避難所運営への協力業務と教職員の意識の醸成
4. 教職員が避難所運営の協力業務に従事した場合の服務上の取扱い
5. 防災担当部局等との連携・協力体制の構築
6. 地域との連携・協力体制の構築
7. 教育委員会間の連携・協力体制の構築
8. 教育活動の再開

❷地域と学校が連携した避難所運営

　最近は，学校が避難所になることを想定した防災訓練が数多く見られるようになってきました。地域の人も学校が緊急時の避難所に指定されていることを知っていますが，実際，一度避難所になった経験があると，その時の教訓が生かされた防災訓練となります。

　例えば，2016年10月に発生した鳥取県中部地域を中心とする地震で避難所となった学校は，その経験をもとに，翌年の地域防災訓練で様々な準備を行いました。図1-16はその時の様子です。

図1-16　避難所になった体育館での1年後の訓練

地震が発生したのは10月21日でしたが，体育館の床に直接横になるのは冷たく寝にくかったことから，訓練では図1-16のようなロールマットが準備されるようになりました。また，女性の着替えなどは間仕切りなどがなければ行いにくいこともあり，パーテーションなどが準備されるようになりました。

　さらに，トイレ数が限られてしまうために，高齢者が水分補給を避けてしまうことで「エコノミークラス症候群」が生じる場合が報告されています。そこで，水分を取りやすいように，避難所の入り口に水飲み場を意図的に設置するなど，配慮がされました。

　最近では，畳の部屋が広いコミュニティーセンター等も避難所に使われることが多くなってきました。学校と隣接した場所にコミュニティーセンターが新たに建設される場合も見られます。

（3）学校と地域，地域の中での新たなつながり

　このように，災害対応を契機として，学校と地域との新たなつながり，結び付きが期待されるようになっています。近年，人口が減少し核家族化が進み，祭りや行事などが少なくなる地域が増えつつあります。しかし，避難訓練・炊き出し訓練などの防災活動が地域の新たなイベントとなり，地域や町内会の結び付きが築き上げられてきているところも見受けられます。**図1-17**は，地域の人が学校が避難所になることを想定し，校庭につくったかまどベンチと炊き出し訓練の様子です。

図1-17　校庭に作られた「かまどベンチ」とそれを用いた訓練の様子

また，同じ地域の中や比較的近い地域同士の支援協定だけではなく，離れた地域同士の緊急時の支援協定も結ばれるようになってきました。中には将来の災害時救援を見越して，中学生の防災教育交流を行っているところもあります。これは第4章で紹介します。

4 防災から様々な危機管理への応用

（1）多様な事件，事故・災害への対応

私たちが危険から身を守らなくてはならない対象は，自然災害だけではありません。日常生活での様々な事件，事故災害にも備えたり対応したりする必要があります。

表1-6に日本人の男女別の死因として，園児・児童・生徒が該当する年齢を中心に3位までを整理しました。もちろん，順位等は年によって変わります。

表1-6　厚生労働省データによる児童生徒等の死因（厚生労働省，2019）

	第1位		第2位		第3位	
	男	女	男	女	男	女
5〜9歳	悪性新生物（25.8%）	悪性新生物（18.8%）	不慮の事故（18.7%）	先天奇形，変形及び染色体異常（12.9%）	先天奇形，変形及び染色体異常（9.1%）	不慮の事故（10.0%）
10〜14歳	悪性新生物（25.8%）	自殺（22.6%）	自殺（19.9%）	悪性新生物（19.5%）	不慮の事故（10.6%）	不慮の事故（14.7%）
15〜19歳	自殺（49.9%）	自殺（43.8%）	不慮の事故（16.4%）	悪性新生物（17.5%）	悪性新生物（7.1%）	不慮の事故（12.3%）
20〜24歳	自殺（52.3%）	自殺（47.7%）	不慮の事故（16.4%）	不慮の事故（12.4%）	悪性新生物（6.8%）	悪性新生物（10.0%）

10歳前後の死因では「不慮の事故」が高い割合となっています。数年前のデータでは，10歳では，男児が「不慮の事故」が1位でしたが，女児では3位にも入っていませんでした。これは，自然災害が発生して避難途中に転んだり，倒れたりしてけがをする子供は圧倒的に男児が多いのと同じ傾向にあります。つまり，災害発生時にけがをすることは日常の事故の延長と考えることもできます。高齢者が日常でも転倒・転落等によって負傷しやすいことは，災害時でも同じです。

また，無視することができないのは，10歳代から20歳代では「自殺」が死因の1位を占めることです。安全教育，特に学校安全では，「不慮の事故」の死亡者数は0にしなくてはなりません。「自殺」も「不慮の事故」と同様に，周囲の関係者の取り組みから0にすることが今日の大きな課題の一つと言えます。ただ，未成年だけでなく，30代，40代でも自殺は死因の高い順位にあり，その対応も考えていかなくてはなりません。第1節に述べたように，SDGsでは，地球上の「誰一人取り残さない（leave no one behind）」ことを誓っているだけに，自殺者のない社会は持続可能な社会の条件とも言って良いでしょう。

子供たちが安全な日々を過ごすためには，家庭，地域社会，そして学校それぞれでの教育が重要です。その中でも学校は，集団生活の中で，生涯の基礎となる体系的な安全教育に取り組んでいます。

学校安全の領域は，文部科学省（2019）「生きる力をはぐくむ学校での安全教育」によると，「生活安全」「交通安全」「災害安全（防災と同義。以下同じ。）」の3つに分けられています。「生活安全」は，学校・家庭など日常生活で起こる事件・事故への対応を取り扱っています。これには誘拐や傷害などの犯罪被害防止も含まれます。「交通安全」とは，様々な交通場面における危険と安全，事故防止が含まれています。そして，聞きなれない言葉かもしれませんが，本書で中心的に取り上げる防災と同義の「災害安全」は，その対象として，地震・津波災害，火山災害，風水（雪）害等の自然災害に加え，火災や原子力災害を含んでいます。加えて，スマートフォンやSNSの普及など，児童生徒等を取り巻く環境の変化や学校を標的とした新たな危機も扱われています。学校や私たちの生活を取り巻く危機

は，時代や社会の変化に伴って変わっていくものであり，従来想定されなかった新たな危機に応じて，安全の在り方を見直していくことが必要だと示されています。

　子供の安全を守るためには，子供の資質・能力を育成する教育と共に，大人や社会の安全管理も不可欠です。本書では「自助・共助・公助」の観点をしばしば取り上げますが，これらは生活安全や交通安全でも求められています。ほかの地域や事例を自分の地域や身近な環境と照らし合わせて，組織的に考えていく必要があります。つまり防災教育への期待は，自然災害だけでなく，あらゆる事件，事故災害に対する資質・能力を向上させることなのです。

(2) 危険予測，危険回避をする資質・能力の共通性

　安全・安心のための情報通信技術や建築物などのハード面だけでなく，教育啓発というソフト面における資質能力の構築も不可欠です。教育では発達の段階に応じた，知識理解や子供自らの積極的な姿勢も必要です。つまり，先に触れた防災（災害安全），生活安全，交通安全，これらの安全を維持するために重要なのは，まず，危険を理解し，予測することです。そして，危険を回避するための行動を取ることは，いずれの安全にもつながります。自然災害への意識を高め，安全な行動を取れるようになることは，交通安全や生活安全にも対応できるようになることなのです。

　SDGs3.6は，「道路交通事故死傷者は半減させる」というターゲットです。災害安全（防災）は交通安全と同じねらいで連動していますから，このターゲットにも関わると言えます。

　近年，防災教育に熱心な学校が増えています。しかし，いくら避難訓練を多く実施したり，学校行事に取り入れていたりしても，子供が頻繁に校内外でけがをしたり，交通事故に遭ったりするようなら，防災教育自体を見直す必要があります。

（3）○○教育との関係

　SDGsゴール4は「すべての人々への包摂的かつ公正な質の高い教育を提供し，生涯学習の機会を促進する」です。SDGs4.7の「教育を通して持続可能な開発を促進するために必要な知識及び技能を習得できるようにする」と関連して，現在ある様々な「○○教育」は，時代が進み，社会が複雑になるほどさらに増えていくことでしょう。少し例を挙げるだけでも，環境教育，エネルギー教育，国際理解教育，人権教育，消費者教育，情報教育，道徳教育，キャリア教育…など，きりがないことがわかります。子供たちの将来を考えると，教科教育以外のこれらの教育の重要性は，述べるまでもありません。安全，防災に関しても，発達の段階において体系的・組織的に学ぶ必要があります。学校教育の重要性はそこにあると言えます（しかし，それを担当する教員や学校の負担は大きくなるばかりですが…）。

　これらの「○○教育」では，知識や技能の習得だけでなく，学びが行動に結び付くようになることが求められます。社会に参画する力，もっと言うと持続可能な社会をつくる力の育成です。つまり，それぞれの教育の目的は一見別の内容に見えても共通性や関連性があり，それらをつなげた教育によって個々の学びの意義が深まると言えるでしょう。生活安全，交通安全などの学校安全の中だけにとどまらず，防災教育での学びが先に述べたような様々な教育にも応用されることが期待されます。

　なお，2021年度から全面実施の学習指導要領を踏まえて，学校安全の目標として，次の3つが揚げられています。「様々な自然災害や事件・事故等の危険性，安全で安心な社会づくりの意義を理解し，安全な生活を実現するために必要な知識や技能を身に付けていること。（知識・技能）」「自らの安全の状況を適切に評価するとともに，必要な情報を収集し，安全な生活を実現するために何が必要かを考え，適切に意思決定し，行動するために必要な力を身に付けていること。（思考力・判断力・表現力等）」「安全に関する様々な課題に関心をもち，主体的に自他の安全な生活を実現しようとしたり，安全で安心な社会づくりに貢献しようとしたりする態度を身に付けていること。（学びに向かう力・人間性等）」

COLUMN: 学校安全のねらいと構造

　SDGsでは，「安全」という言葉が17のゴール中，ターゲットも含めると6ゴールに出てきます。SDGs8.8「労働者の権利を保護し，安全・安心な労働環境を促進する」は子供たちには直接関係がなかったり（教職員は別として），SDGs10.7「安全で規則的かつ責任ある移住や流動性を促進する」は日本では実感がつかめなかったりするかもしれません。しかし，SDGs2.1「飢餓を撲滅し（中略）安全かつ栄養のある食料を十分得られるようにする」，SDGs4.a「安全で非暴力的，包摂的，効果的な学習環境を提供できるようにする」などは，日本も取り組んできた課題であり，今は社会構造や家庭環境の変化への対応が求められています。

　「生きる力をはぐくむ学校での安全教育」（文科省，2019）によると，学校安全は，学校保健，学校給食と共に学校健康教育の3領域の1つであるとされています。それぞれが独自の機能を担いつつ，相互に関連を図りながら，児童生徒等の健康や安全を確保すると共に，生涯に渡り自らの心身の健康を育み，安全を確保することのできる基礎的な素養を育成していくために一体的に取り組まれているとも記されています。SDGsゴール3には，「あらゆる年齢のすべての人々の健康的な生活を確保し，福祉を促進する。」と記されていますが，このゴールにも学校教育との関係がうかがえます。

　つまり，安全教育，安全管理，組織活動の観点は学校だけにとどまらず，地域社会，会社等の団体組織でも不可欠なSDGsの内容とも関連していくのです。

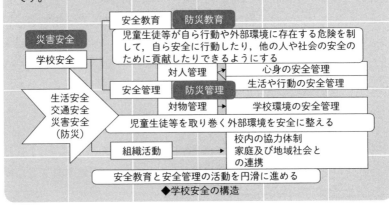

◆学校安全の構造

5 災害が多発する時代の「生きる力」の育成

(1)「生きる力」と防災教育

　近代以降の日本の教育界においては，次の3つが特に重要だと考えられています。まず，明治の学制，次に，戦後の民主主義，そして，現在の「生きる力」の育成を目標とした教育改革です。「生きる力」の言葉が最初に使われたのは1995（平成7）年阪神淡路大震災発生後に改訂された学習指導要領からでした。

　1996年の文部省（当時）の中央教育審議会答申の中で「これからの子供たちに必要となるのは，いかに社会が変化しようと，自分で課題を見つけ，自ら学び，自ら考え，主体的に判断し，行動し，よりよく問題を解決する資質や能力であり，また，自らを律しつつ，他人とともに協調し，他人を思いやる心や感動する心など，豊かな人間性である」と示されました（下線は筆者）。

　たくましく生きるための健康や体力が不可欠であることは当然ですが，改めて「生きる力」を謳った答申を受けて，平成10年・11年版の学習指導要領に「生きる力」のキャッチフレーズが登場しました。「生きる力」の育成は，戦後最大（当時）の自然災害，阪神淡路大震災の発生と無関係ではありません。この時の学習指導要領では，各教科について，「自然災害」の取り扱いが以前に比べて大きくなりました。

　その後，平成20・21年，平成29・30年に改訂され告示された学習指導要領にも，「生きる力」という言葉が継続的に用いられています。つまり，平成に登場した「生きる力」は，令和になっても継続して育成が求められているのです。平成20・21年の「生きる力」を育むという基本理念を継続的に活かすため，平成29・30年の改訂ではこれまでの学校現場等での課題を踏まえ，指導面などでの具体的な手立てを確立することを目指すとされました。

　平成20・21年の改訂前にも，2004（平成16）年中越地震，2007（平成19）年中越沖地震など，大きな自然災害が発生していましたが，阪神淡路

大震災発生後の学習指導要領改訂時のように，教科の内容としての取り扱いは大きくなりませんでした。教育においてはむしろ，2009（平成21）年に「学校保健安全法」が施行されたところに大きな意義があります。皮肉なことに，平成20年版学習指導要領が2011（平成23）年4月より，小学校から順次全面実施される直前の3月11日に東日本大震災が発生しました。「他人とともに協調し，他人を思いやる心」の大切さは，阪神淡路大震災だけでなく，東日本大震災の被災地でも見られました。これからの社会が，どんなに変化して予測困難な時代になっても，自ら課題を見付け，自ら学び，自ら考え，判断して行動できる人材の育成が求められ，そのために，社会の変化を見据え，新たな学びへと進化を目指す教育課程が整備されたと言えます。

　2020（令和2）年4月から平成29年版の学習指導要領が全面実施される直前に，新型コロナウィルス感染症の影響を受け，年度末，さらには新学期早々に学校が臨時休業となりました。そのため，本書執筆時においても対応に戸惑っている学校もありました。想像がつかない社会の展開の中で「生きる力」を育成することの必要性を痛感します。

　いかなる時代になっても，自ら考え，学び判断する力の育成は，自然災害に関する防災・減災，そして復興教育にも関連すると言って良いでしょう。先述のように，日本の教育の変革は，明治の学制，戦後の民主主義教育などを見ると，いわゆる外圧によって生じたと捉えることもできます。しかし，現在の「生きる力」の教育改革は，阪神淡路大震災，東日本大震災などの国内の自然災害の影響と無関係ではありません。つまり，内圧とも受け止められる国内の自然災害発生によって，教育改革が進められていると考えられるのです。

　さらに，新型コロナウィルス感染症と言う新たな災害によって，教育の在り方そのものが変わらざるを得ません。これらの教育改革の流れと近年の国内での自然災害の状況を**図1-18**に示します。

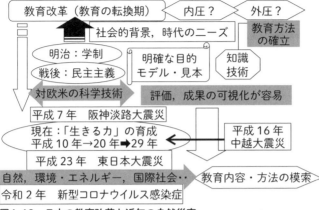

図1-18　日本の教育改革と近年の自然災害

(2) 国や大人にとっても必要な「生きる力」

　現在，日本全体が大きな危機の中にあると言えます。東日本大震災発生以後，頻繁に生じる自然災害，領土問題をめぐる隣接国との緊張関係，新型コロナウィルス感染症とこれによってより大きくなった経済危機，さらには少子高齢化による社会保障制度の課題等々です。SDGsにおいて，取り組まなければならない課題は，国内に関しても大きな課題となりつつあります。「生きる力」は子供の時から育成が必要な力であることはもちろんのこと，大人にも身に付けてもらいたい力と言えるでしょう。

　学校教育の中で，「生きる力」の育成が期待された時に登場したのが「総合的な学習の時間」です。生涯学習の必要性が謳われて久しくなりましたが，大人にとっても「総合的な学習の時間」は一層必要となってくることが予想されます。「自分で課題を見つけ，自ら学び，自ら考え，主体的に判断し，行動し，よりよく問題を解決する資質や能力」は，実は大人にとっても「生きる力」となります。

　この力を育成するために，自然災害に関する防災，減災さらには復興のための教育が必要とされるでしょう。では，大人にとっての「総合的な学習の時間」とは何でしょうか。これからの自然や社会と自分自身がどのように関わっていくかは，次の章で考えていきたいと思います。

6 自然環境，科学技術が持つ 二面性の理解

（1）自然の二面性

　東日本大震災発生以降，太平洋側に立地する学校では，津波の被害を免れるために地震が発生すると海からすぐに離れることをねらいとした防災教育の実践が重視されるようになってきました。これは重要な指導です。しかし，海は常に津波の危険性があることや，すぐに逃げなくてはならない，恐ろしいものだというメッセージを子供たちに与えるのは，必ずしも効果的な教育方法とは思えません。

　震災前から，岩手県釜石市の津波防災教育は「釜石に住むことは津波に備えるのは当たり前」という文化を形成するとともに，「津波はたまに来るけど，釜石はこれほどまでに魅力的な郷土である」という郷土愛の育成とも関連させていました。

　ほかの自然災害に関する防災教育についても，釜石市のような方向性が必要でしょう。自然現象の発生状況によっては，人間に対して大きな災害につながる可能性があるのは事実です。しかし日常的には，自然はそれよりも多くの恩恵を人間に与えています。食料資源やエネルギー・鉱物資源から，娯楽・レジャーや自然景観そのものによる観光資源等まで，恵みの例は数えきれないでしょう。一層の恵みを求めた人間の働きかけによって，自然からの予期せぬ反動が生じることもありますが，そもそも自然は人間に都合よくできているのではなく，中立的なものです。

　自然災害から身を守るためには，自然を理解することが基本です。それには自然は災害と恩恵の二面性があることを認識しておく必要があります。正しい知識を持ち，それに伴った理解によって怖さを知ることは，あらゆる災害に対しても重要です。

❶ 恩恵と災害との密接な関係

　自然災害に関する防災教育については，子供たちの成長の段階（特に低学年などの場合など）によっては，むしろ自然の素晴らしさ，恩恵をまず学ぶことが大切かもしれません。自然のスケールの大きさ，ダイナミク

ス，人間では予想もつかない長い時間・広い空間の中での働きを知り，自然に対する畏敬の念を育てることが重要です。では，壮大な景観を作った自然の営力が人間や人間生活に向けられると，どうなるでしょう。それを考えることができる想像力を育成する教育の在り方も，防災・減災には必要です。

大人も同様で，自然体験によってその美しさはとてつもない地球の営力からできたことを知る必要があります。また，そこに存在してきた自然の計り知れないエネルギーを理解することが，防災・減災の第一歩であることを認識できるのです。例えば山の景観の形成過程には，地下に働く地殻変動，つまり長時間をかけた隆起だけでなく，繰り返されてきた地震活動の影響も考えられます。活断層によって，平野から急に高い山が屏風のように広がっている地域もあります。また，火山噴火によってできたバランスの整った形態を示す山々や，その火山活動に伴って形成された湖沼も美しい景観を示します（**図1-19**）。

人間の生活の場を作り出した沖積平野は，河川の洪水・氾濫によって生じたものです。河川の侵食，運搬，堆積の働きは，土砂の供給だけでなく，栄養分となる有機物の運搬でもあり，堆積によって肥沃な土地を形成することにつながりました。

図1-19　自然の二面性の象徴：火山である妙高山とふもとの温泉

❷ 自然のバランス

　私たちは，地球表面で生活しています。7割の海洋に対して，陸地はわずか3割です。地球表面は常に地球内部のエネルギーの影響を受け，地震などの地殻変動による隆起・沈降，火山活動による地形の変容が生じています。つまり地球のメカニズムによって，地表に凹凸が作られています。

　一方，水の循環によって，降雨・降雪が生じ，河川が氾濫・溢水したり，山間部では，地すべり，土石流，がけ崩れが発生したりします。この水の循環の基となるのは，太陽からのエネルギーです。つまり，太陽エネルギーによって，地球表面は平坦にされる傾向があります。

　このように，地球は内部のエネルギーによって表面を凹凸にする働きと，太陽のエネルギーによって表面をなだらかにする働きの両方を受けています。これらを**図1-20**にまとめました。

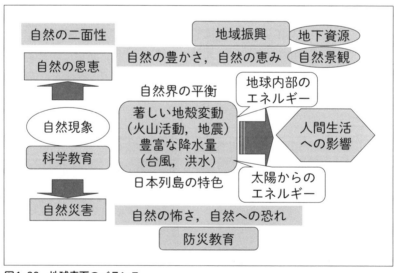

図1-20　地球表面のバランス

地表面はこのバランスが保たれています。例えば，高い山は常に隆起しながらも降雨等により侵食・風化され，一定の高さを維持しています。

それぞれのエネルギーによる自然現象は，いずれもそこに人間がいた場合，自然災害に結びつきます。つまり，私たちは自然災害が発生しやすい地表面の上で，わずかな安全な場所を求めて生活していると言ってもよいのです。特に日本列島で生活すると，このことが顕著です。

（2）科学技術の二面性

科学技術にも同じことが言えます。その最たる例が，福島第一原子力発電所事故です。日本のように石油・石炭・天然ガスなどの化石燃料がほとんど自給できない国にとって，エネルギー源は他国からの輸入に頼らざるを得ません。エネルギーの安定供給と共に，CO_2を排出しないクリーンなエネルギーとして，原子力発電は重要と考えられていました。

しかし，東日本大震災では，改めて原子力発電所事故が発生した場合の大変さをつきつけられたと言えるでしょう。廃炉まで気の遠くなるような時間と予算が必要で，事故後10年経っても帰宅困難地域は存在しています。そもそも，科学技術は人間の生活の便利さや豊かさを生み出してくれるものとして期待されていますが，必ずしも人類にプラスとは限りません。科学技術の二面性も理解して対応していくことが，持続可能な社会の構築の基本となるでしょう。

なお，原子力発電所事故，放射線教育とSDGsとの関係は，エネルギー，環境に関連しても重要な内容であるため，本書でも様々なところで取り扱います。

7 様々な支援の在り方

（1）子供たちもできる被災者支援

　子供たちは日常では保護者や学校の先生など，大人や社会によって守られています。特に学校には「安全配慮義務」などが課せられています。SDGsにおいて，社会的脆弱性への保護は様々なところで記されていますが，日々の生活だけでなく，災害が発生した時も，高齢者と共に最初に安全の確保や配慮がされると言っても過言ではありません。しかし，守られるだけでなく，子供たち自身が災害時にほかの人に何ができるかを考えることも必要です（もちろん，大人の働きかけもあるでしょうけれど）。

　例えば，遠く離れた場所で被災した人たちを励ますことができます。子供たちが避難所の被災者たちへ送った手紙は激励となり，大人が前向きな気持ちを持つことに貢献したこともあります。図1-21は阪神淡路大震災（1995）で大きな被害を受けた神戸市の小学校の１年生が，中越沖地震（2007）の時に避難所となった小学校に送った寄せ書きです。手紙を送った神戸市の小学生は，自分の学校が避難所であった時にはまだ生まれていません。しかし，先生や両親からその時の大変さを聞き，学校の先生方の働きかけで送ったものです。

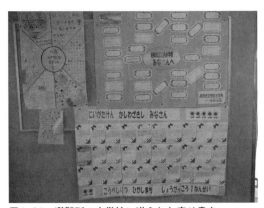

図1-21　避難所の小学校に送られた寄せ書き

こうした子供たちの寄せ書きなどが，被災者への励ましに効果を上げることがあるため，災害発生時にはこのような取り組みはしばしば見られます。もちろん，いくら善意であっても，そのタイミングを見計らうことが重要です。避難所が開設されてから間もない慌ただしい時期は避け，状況を見てから開始することが必要です。

　また，学校が避難所となった時，小学生が掃除など大人の手伝いをすることもあります。避難所にいる小さな子供たちにおやつを配ったり一緒に遊んだりするなどの行動が親近感を与え，彼らの震災後の不安感を取り除くことにも貢献しました。

　中学生や高校生になれば，復興のために地域の大きな力となることが期待されます。震災後の後片付けなどの物理的な労働だけでなく，一人暮らしの高齢者を訪問して話し相手になるなど，精神的な関わり方も地域の復興に向けての貢献となります。

（2）他地域，他国の被災に何ができるか

　防災の学びは，自分や地域を自らの力で守ることや備えることにつながります。さらに災害が発生したほかの地域やその被災者を支援することも可能です。つまり，ほかの地域の災害を他人事とは考えず，自分の立場に置き換え，何ができるかを考えるようになる教育や啓発を国全体や長期的な視点で考えた場合，持続可能な社会のために不可欠なものとなります。SDGsの全体的なねらいと大きく関わっていると言えるでしょう。

　実際，自分が被害に遭うよりも，人を助ける立場となる機会か多いと考えられます。

　自然災害に関する日本の貢献は，開発途上国などの特定国への支援だけにとどまらず，グローバル化した世界の中でも大きなものです。特に，近年では，国連にとっても，自然災害は大きな脅威となっています。第1節で示したように，国連への拠出金額が多いのが日本であり，重要な役割を担っています。これはユネスコなど教育に関する機関への拠出金でも同様です（ただ，国連や国連の機関が本当に中立であるかは，疑問視する人も多くいます）。

もちろん，開発途上国を中心に個別の国に対する支援を引き続き行っていくことも重要です。多くの国では安全や防災への関心が高まりつつあります。**図1-22**は，モンゴル国の市民への啓発活動の様子と日本がモンゴル国に提供した消防自動車です。

　日本が国際社会に貢献しているのは，施設や設備の提供といったハード面だけではありません。JICAなどを通じた，防災・減災教育などのソフト面での実績もあります。これは防災・減災に関する知識の蓄積が多い日本ならではの大きな役割と言えるでしょう。

図1-22　日本から提供された消防車（モンゴル）

　近年，アジアの国々では，日本語や日本文化への興味が高まり，大学でもそれらを受講する学生が増えています。これまで述べてきたような日本の自然の二面性に関連した文化・歴史も，日本から発信すべき内容と言えるのではないでしょうか。

　SDGsを踏まえて防災・減災を学んだ日本の子供たちが，国際的な視点から自然災害による被害の削減を考え，行動できるような人材になることを期待したいと思います。

第2章

自然災害・複合災害の基礎知識
──SDGsを進めるために

災害とは何か，恵みと共に考える

1 自然災害，事故災害，それらの種類

（1）災害の分類

　災害には様々な種類があり，その種類の分け方は国や研究者によって違っています。本書では，自然災害を地震災害，火山災害，風水害，斜面災害，雪氷災害，その他の気象災害として落雷や長期気象災害も入れ6種類に分けている，防災科学技術研究所（防災科研）を参考にします。

　火災（火事災害），原子力発電所事故災害は事故災害として，自然災害とは別のカテゴリーで考察します。この2つの災害は自然災害をきっかけとした複合災害の形で現れることもあり，大規模な災害となる場合も見られます。例えば，地震の後に発生する火災が挙げられます。

　以上を踏まえて，本書では対応すべき災害の種類を**図2-1**のように整理することにします。

　火災（火事災害）と原子力災害に分けられる事故災害は，人為的なものや人工物がその発生源と捉えられます（稀な例として，落雷が森林火災の原因となることもあります）。しかし，火山噴火の時や津波の時にも事故災害が発生することがあります。2007年中越沖地震や2011年東日本大震災の時に，地震動の衝撃，さらにはその後の津波が原子力発電所に影響を与えました。

　こうした災害に備えて避難訓練が行われていますが，学校での避難訓練を考えた時，火災が発生した時の対応を考えることが第一と言って良いでしょう。さらに，東京電力福島第一原子力発電所事故の教訓も踏まえて，UPZ圏内（原子力発電所からおおよそ30km以内）での避難訓練も意識しておきたいところです。

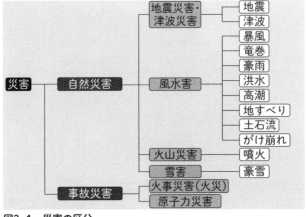

図2-1　災害の区分

（2）地震・津波，その後の火災によって発生する被害

　先述のように，地震の後の火災は歴史的に見ても頻繁に起きています（**図2-2**は1847年善光寺地震時の様子です）。近世・近代以降では，むしろ，地震が引き金となって発生した火災によって生じた被害の方が大きくなることは珍しくありません。例えば，1923（大正12）年9月に発生した関東大震災はこの典型的な例です。

図2-2　善光寺地震時の様子（上田市提供）

図2-3　燃焼物と共に押し寄せた津波によって燃えた門脇小学校（宮城県石巻市）

　1995年阪神淡路大震災でも火災によって大きな被害が生じました。東日本大震災でも津波の発生後，海上の漂流物による火災が生じて陸地にそれが押し寄せ，石巻市や気仙沼市は大きな被害を受けました。**図2-3**は石巻市の門脇小学校です。燃焼物が津波と共に押し寄せ，このような状況になりました。鉄筋コンクリートでできた学校がここまで焼けてしまったことに驚きます。なお，当校の校舎の一部は震災遺構として保存される予定です。

　2018年大阪府北部地震では，地震の揺れと同時にガスの供給が停止するなど対応が早く（ガスメーターは震度5程度で停止する仕組みになっています），地震の規模の割には大きな火災は発生しませんでした。しかし，逆にガスの復旧に時間がかかり，住民にとっては不便な点もありました。

COLUMN: 重要視される地震保険

　個人レベルで防ぐことのできない災害に対しては保険に加入することが一般的です。ほとんどの人が火災保険に入っていると思いますが，地震によって発生した火災には火災保険が適用されません。そこで，地震に伴って生じる被害への対応には地震保険にも入っておく必要があります。

　阪神淡路大震災の時には，神戸側では火災が多く発生しましたが，地震保険に入っている人が少なく，家の再建までに時間がかかりました。しかし，淡路島側では，地震後すぐに多くの住宅が新居に建て替えられました。ほとんどの人が地震保険に入っていたからです。神戸側の人は地震保険に入っている人が少なかったにも関わらず（当時は地震保険に入っている人は少なくても不思議ではありませんでした），なぜ淡路島側の多くの人が地震保険に加入していたのか長らく疑問でした。淡路島北淡町野島断層付近で調査をしていた時に，偶然，地元の人と雑談する機会があったので，このことを尋ねてみました。その高齢の女性は，自分は保険のことがわからず，近所の人と同じように農協の保険に入っていたところ，地震保険も付いていたとのことでした。

　さらに，この方の話によると，近所のほとんどの人が農協の保険に入っていたため，すぐに住宅を改築することができたが，中には地震に関する保険は外してくれと言った人もいたそうです。その人は気の毒に自宅再建の目途が立っていないことも聞きました（保険はしっかり読んでから契約するものであるという確信が少し揺らぎました）。

　野外のフィールドワークでは，自然から多くの情報を得ることもできますが，人からも重要な情報を得ることができる一つの例と言えます。

2 自然現象と人間活動との関係

(1) 自然現象と自然災害

　地震，津波，火山噴火の発生と聞けば，すぐに自然災害を思い浮かべる
かもしれませんが，それらは自然現象に過ぎません。これらの自然現象が
生じた時に周辺に人間がいたり，人間生活に関わったりすることによっ
て，人間及び人間活動に悪影響を与える場合を自然災害と呼びます。

　つまり，大規模な地震や津波が発生したり，爆発的に火山が噴火したり
しても，これらは単なる自然現象であり，人間に被害を与えなければ自然
災害にはなりません。人間が生活していない地域で大地震が発生しても社
会に影響を与えない場合，また，人間が地球上に登場する前に大規模な火
山噴火等があっても，それらは災害ではありません。

(2) 人類が登場する前の火山活動

　火山活動によって生じた溶岩は様々な地形をつくります（その溶岩に
よってつくられた自然景観については第4章第1節で紹介します）。

　火山活動の跡が残って山をつくっている場合もあります。例えば，国定
公園にもなっている大阪府と奈良県の県境にある二上山などは，新生代第
三紀（約1500万年前）と呼ばれる時代に活動した火山跡です。この山の形
そのものは，噴出前の火山中の溶岩がそのまま残ったものです。凝灰岩や
火砕流堆積物などの火山噴出物が，現在見られる景観を作っています。火
山噴出物の堆積状況から，二上山の噴火では，1991年に長崎県雲仙普賢岳
が噴火した時のように大規模な火砕流が発生したことも想像ができます。

　図2-4は同じ時代にできた新潟県佐渡の大野亀です。火山岩でできた岩
石は固く，表面の堆積岩や堆積物が侵食されても残っています。このよう
な火山岩は，かつての火山活動や噴火を彷彿とさせますが，自然災害とは
みなされません。

　図2-5は，その美しさから極楽を意味する「浄土ヶ浜」（岩手県宮古市）
と呼ばれている海岸です。白い岩体と海岸の礫は古第三紀（約5200万年
前）と呼ばれる時代に形成された流紋岩です。火山岩ですが，火口から噴

出したものではなく，地中に貫入したマグマが固結したものです。それが地表面に現れ，侵食されて現在見られる海岸を作りました。

図2-4 かつての火山活動の痕跡としての大野亀（新潟県佐渡島）

図2-5 浄土ヶ浜の景観（岩手県）

火山活動に伴って放出された火山灰が堆積してできた岩石のことを凝灰岩と呼びます。火砕流はじめ火山噴出物が多量に生じた時，もし人間が存在していたら大きな被害が生じたはずです。しかし，日本列島が形成された時代，つまり火山活動が活発であった頃は，まだ人類が誕生していませんでした。

　川に迫った険しい断崖のことを会津地方では「へつり」と言います。河川侵食による絶景として有名なものに，「塔のへつり」（福島県南会津郡下郷町）があり，国の天然記念物に指定されています（**図2-6**）。凝灰角礫岩，火山礫凝灰岩，凝灰岩などが繰り返し重なっています。これらは約130万年前の火山活動による火山噴出物が水域に堆積したものと考えられます。人間がいなかった頃の大規模な噴火が想像されます。なお，大きく侵食されている部分は，細かい粒の凝灰岩が，削られやすかったことによります。かつては，ここは通り道として利用されていました（現在は危険防止のため，一部のみが通行可能です）。

図2-6　塔のへつり（福島県）

3 自然災害とは異なった 自然現象の恩恵

（1）金属鉱床の形成

　第1章でも触れましたが，災害を引き起こしてきた自然現象は，一方で様々な資源を人間に提供する恩恵をもたらしてきたことも無視できません。日本列島に多く発生した噴火を伴う火山活動は，様々な鉱物資源を産出してきました。**図2-7**で示す「熱水鉱床（ねっすいこうしょう）」や「気成鉱床（きせい）」と呼ばれるものが，地下深部でのマグマの活動に関連する火成活動と関係します。特に日本列島が形成された新第三紀から第四紀の始めにかけて，火山活動が活発な時代に形成されました。

　火成活動に伴って，金・銀・銅・鉛・亜鉛などの金属鉱物が形成されます。よく日本は鉱物資源に恵まれない国であると言われますが，厳密には正しい表現と言えません。実は国土面積の割にはその量や種類も多く，かつては金属鉱物を多量に輸出していた時代もありました。生産以上に消費が多かったため，取り尽くしてしまった感があります。

　SDGs12.2では「2030年までに天然資源の持続可能な管理及び効率的な利用を達成する。」とありますが，これは天然資源を有する先進諸国にとっても開発途上国にとっても重要な観点だと考えられます。**図2-8**は熱水鉱床の一つ，日本の代表的な佐渡金銀山です。現在でも観光用の坑道を見学することができ，観光資源という別の資源になっていると言えます。

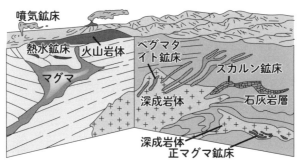

図2-7　火山活動に伴う金属鉱物資源（啓林館『地学 改訂版（地学303）』より）

図2-8　佐渡金山

（2）河川の役割

　日本の多くの大都市が立地する沖積平野は，洪水・氾濫によって河川の
下流部に形成されました。弥生時代に中国から稲作農業が伝わった時代は
ちょうど，河川の堆積作用によって沖積平野が広がった時期と一致しま
す。稲のように生育に多量の水が必要な植物に最適な場所である河川周辺
は，人間にとっても大きな生活基盤となりました。

　水は先史時代から現在に至るまで，また，いかなる国においても必要不
可欠なものであることには変わりません。そのため，SDGsゴール6でも
「すべての人々の水と衛生の利用可能性と持続可能な管理を確保する。」と
して，一つの項目に取り上げられています。

　自然環境の中で人間が最も働きかけたのは，利水・治水との関係で，今
日に至るまで河川であると言えるでしょう。つまり，SDGs6.b「水と衛生
に関わる分野の管理向上への地域コミュニティの参加を支援・強化する。」
は，人間の代表的な環境史の反映です。

　図2-9は弥生時代の水田遺跡の発掘調査が実施されている様子です。ま
た，図2-10は復元された静岡県登呂遺跡です。

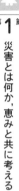

図2-9　弥生時代の水田遺跡（奈良県御所市，朝日新聞社提供）

図2-10　登呂遺跡の様子（静岡県）

　発掘調査で興味深いのは，当時発生した様々な自然現象も遺跡は教えて
くれることです。**図2-11**は噴砂の跡です。現在でも大地震の後に，噴砂
現象が見られます。このことから，弥生時代に大きな地震があったことが
わかります。

図2-11　針江浜遺跡の噴砂現象(滋賀県提供)

　弥生時代に大地震があったとして，どのような被害が生じたでしょうか。竪穴式住居が倒壊するなどの被害があったかもしれませんが，水害によって当時のムラが埋められた跡も見つかっており，弥生時代のような古代では，当時の人々は地震よりも洪水の被害の方を恐れていたかもしれません。

(3) 観光化される自然
　最近では，災害につながった自然やその景観は，観光資源として人間に恩恵を与えています。火山は日本の国立公園やジオパーク（p.181）の代表的な景観であり，温泉なども自然の恵みです。地熱発電として注目されることもあります。
　スキーなどのウィンタースポーツが可能となる降雪も，レジャー資源として重要な意味があります。札幌の「さっぽろ雪まつり」をはじめ，豪雪地帯での雪の祭典などは集客力あるイベントとして期待されています。

災害発生のメカニズム
―自然現象が自然災害となる時

　本節では，災害につながる自然現象がどのように生じるのか，つまり，自然現象が自然災害になる時のメカニズムを，それぞれのケースから簡単に紹介していきます。

1 地震・津波の原因

（1）地震が発生するしくみ

❶ 世界のプレートの分布

　地球の表面は**図2-12**に示したように，10数枚の「プレート」と呼ばれる岩盤からできています。これらのプレートは図中の矢印で示したように，その下のマントルの対流に伴って少しずつ動いています。

　地球上の地震活動や火山噴火など，様々な地殻変動を考える場合は，地球表面のプレートについて理解する必要があります。地殻変動について，プレートの動きやプレート同士の関わり合いから説明する理論を「プレートテクトニクス」と呼びます。

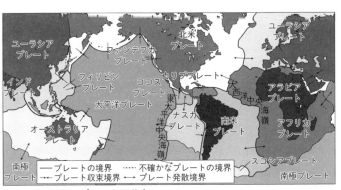

図2-12　世界のプレートの分布

一般的に，地震は原因によって，主にプレート型の地震と活断層型の地震として分けることができます。ただ，活断層型の地震もプレートの動きとは無関係ではありません。

❷ 日本列島周辺のプレートとそれらの関係

　日本列島及びその周辺に存在するプレートを見ていきましょう。**図2-13**のように日本列島では太平洋プレート，フィリピン海プレート，ユーラシアプレート，北米プレートの4枚のプレートから構成されています。これらは一方のプレートが他方のプレートに沈み込むなど，相互に関係し合っています。

図2-13　日本列島及び周辺のプレートの存在（ケイアール／PIXTA提供）

　日本列島は北東部（主に東日本）が北米プレート，南西部（主に西日本）がユーラシアプレートに載っています。北米プレートに向かって，太平洋プレートが年間約8cmの速さで西側へと移動し，北米プレートの下に沈み込んでいきます。また，フィリピン海プレートは1年間に約4cmの速さで北〜北西側のユーラシアプレートに沈み込みます。さらに，太平洋プ

レートは西側のフィリピン海プレートの方にも潜り込んでいきます。

　プレートがどこに沈み込むかによって，海溝の位置，地震や火山の発生
する様子が異なります。例えば，太平洋プレートが沈み込む場所は，北米
プレートだと千島海溝・日本海溝となり，フィリピン海プレートだとマリ
アナ海溝となります。フィリピン海プレートの沈み込み方は，南海トラフ
の北側の四国地方や中国地方，さらには西側の九州地方などでそれぞれ様
子が異なり，これが火山活動などにも影響を与えます。

❸ 日本周辺のプレートの動きと地震の発生

　図2-14は東北地方及び周辺の断面図で，太平洋プレートが北米プレー
トに沈み込む様子を模式的に表したものです。地震の震源はプレートの沈
み込みに沿って西側（大陸側）ほど深くなっていきます。

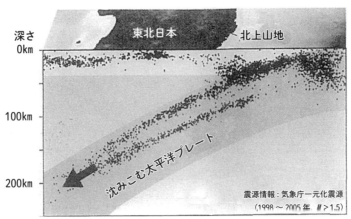

図2-14　東北部を例にしたプレートの沈み込みの様子

　日本列島を載せた陸側のプレートに太平洋側の海側のプレートが沈み込
む時，陸側のプレートも少しずつ沈んで圧縮されることにより，ある一定
のひずみがたまった時に，反発します。これがプレート型の地震です（**図
2-15**）。ただ，プレート自身が滑ったり，破壊されたりする場合にも地震
が発生することがあり，プレート同士の関係と言っても，そのメカニズム
は様々です。

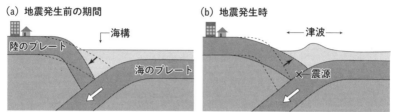

（a）地震発生前の期間　　　　　　　　（b）地震発生時

図2-15　陸側のプレートに沈み込む海側のプレートとその反動による地震

❹ プレート型の地震と津波の発生

　海洋底で大規模な地震が発生すると津波が発生することもあります。**図2-16**のように，津波は海が深ければ深いほど，その速度は大きくなります。陸に近づいて海が浅くなると速度は小さくなりますが，その分津波は高くなります。

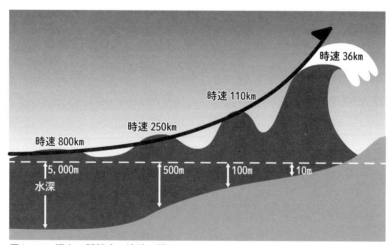

図2-16　深さに関係する津波の様子

（2）地震がもたらす複合災害

❶ 陸地に達した津波による被害

　津波は，地震が発生した沖合から陸地に向かって押し寄せます。また，津波は一度だけでなく，一定の周期で繰り返されます。東日本大震災の時には，津波が押し寄せる様子が映像で中継されたことで，これまで歴史的に繰り返されてきた地震津波の実態を理解した人も多いのではないでしょうか。津波を注意する標識は，高潮と誤解されやすいような波の形で示されていますが，実際は巨大な体積を伴う大量の水の移動であるため，破壊的なエネルギーを持っているのです。

　下の**図2-17**は津波によって被害を受けた建物です。左側の建物（宮城県：南三陸町防災対策庁舎）は津波によって表面のコンクリート部分が破壊され，鉄筋だけが残った状況です。ここにいた43名の方が犠牲になりました。右側の建物（岩手県：たろう観光ホテル）は，波が押し寄せた部分（1階，2階）の壁は剥ぎ取られていますが，上階部分は津波の影響が少ないことからもわかるように，屋上に避難した多くの方が助かりました。ともに震災遺構となっています。

図2-17　南三陸町の防災対策庁舎（左）とたろう観光ホテル（右）

　リアス海岸や河川など，波の通り道が狭いと津波の高さは数十メートルに達することもあります。海岸から離れていても河川を遡上して周辺に大きな被害を与えることもあります。宮城県石巻市雄勝町では，湾ではそれ

ほどの高さでなかった津波が，比較的狭い河川を遡上したために波のエネルギーが集中し，バスが建物の2階部分まで持ち上げられたり，学校の屋上近くまで損傷を与えたりしました（**図2-18**）。

図2-18　宮城県石巻市雄勝町での津波の爪痕

　石巻市立大川小学校は，海岸から約5kmも離れていましたが，学校を襲った津波によって，児童と教員合わせて84名が犠牲になりました。学校単位としては東日本大震災で最大数の犠牲が出た悲劇です。**図2-19**は震災後の大川小学校の校舎の様子です。なお，大川小学校を襲った津波については後で詳しく述べます（p.127参照）。

図2-19　河川を遡上した津波が襲った大川小学校

❷ 津波が遡上した河川の怖さ

図2-20は大川小学校前にあった橋です。日本の橋は水の勢いで流されることはあまりありません。特にこの北上川は，洪水時の威力が凄まじいことで知られており，上流側からの流れに対しては，橋脚の抵抗が少なくなるように設計されていたはずです。しかし，海側から強い流れがやってくるとは想定されていなかったと考えられます。

図2-20　津波の遡上によって橋桁が流出した橋

津波の遡上によって大きな被害が生じたのは東北地方だけではありません。西日本においても1707年の宝永地震，1854年の安政南海地震で津波が河川を遡上し，甚大な被害を流域に与えたことが記録に残っています。

図2-21は，現在の大阪で当時の津波が同じように内陸に達した場合どのようになるかを地形図上に示したものです。大阪湾の湾岸部は埋め立てが進み，多くの人が訪れるUSJ（ユニバーサル・スタジオ・ジャパン）や2025年に開催予定の万博がこの地にあります。第1章で南海トラフ型地震の周期についても触れましたが（p.25参照），これまで80周年以内の周期が記録されていないとは言え（1946年の南海地震以来），もし，次回の地震がそれより早く生じるとなると危険性が高まります。何より大阪平野西部は平均海面より低い場所（ゼロメートル地帯）が広がっているため，津波が発生した場合，この地域での被害は甚大となります。大阪市は休日の

深夜など，最悪の状況で南海トラフ型地震に伴う津波が発生した場合，最大32万人の犠牲者が生じると見積もっていましたが，図を見る限り大げさな数字ではありません（その後，市民の防災意識が高まっているとして想定される犠牲者数として若干数字は低くなりました）。

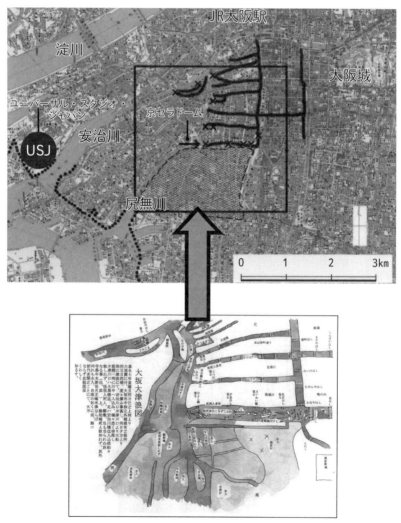

図2-21　安政南海地震を現在の大阪に重ねた場合（下図Ⓒ長尾武）

❸ 大陸内部で発生する活断層型の地震

　海側のプレートが陸側に沈み込むことによって常に陸側のプレートは圧縮を受け，地中で岩石が破壊され，断層が形成されます。断層には圧縮の力によって生じる逆断層，引っ張りの力によって生じる正断層があります。この二つの断層では垂直方向の変位が見られますが，水平方向に変位が見られる場合，横ずれ断層となります。これらの断層を模式的に**図2-22**に示します。日本列島では，圧縮されてできる逆断層が多いのは上の理由によります。

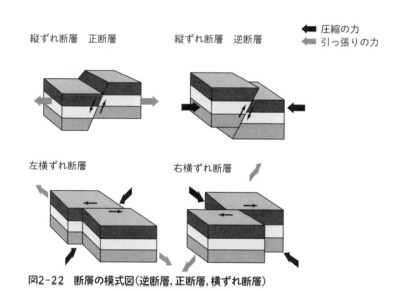

図2-22　断層の模式図（逆断層，正断層，横ずれ断層）

　1995年の阪神淡路大震災では，淡路島の北淡町で野島断層が地表面に現れました。兵庫県では，この断層の一部を保存し，多くの人が見学できる震災の教訓としており，逆断層や横ずれ断層をそのまま見ることができます。さらに，**図2-23**のように野島断層直上にあった住宅はメモリアルハウスとして，野島断層と共に記念館となっています。

図2-23　保存された野島断層とメモリアルハウス（兵庫県）

　この住宅は，震度7（当時）の強い揺れにも関わらず，家屋自体は倒壊することもなく，住んでいた人も大きなけがはしませんでした。神戸市の沖積平野とは基盤の地質が違っていたとは言え，当時この家の建築素材や構造が注目されました。普通の二階建てに見えますが，鉄筋コンクリート造りだったそうです。

❹ 中山間部に発生した中越地震

　活断層の動きによる地震が沖積平野で発生した場合は，阪神淡路大震災のような都市型の地震災害となります。一方，山間部で活断層が動いて地震が発生した例としては，2004年の中越地震があります。この時には図2-24のような斜面崩壊が多く発生しました。もともと，新第三紀（約1500万年前）の砂岩泥岩層などの地すべりを起こしやすい地層であったことも被害を拡大する原因となりました。つまり，豪雨などによって斜面崩壊を起こしやすい地層では，地震などの衝撃によっても，大規模ながけ崩れを生じるのです。

　ちなみに阪神淡路大震災においても，丘陵地から山間部の花こう岩地帯で同じ現象が見られました。風化した花こう岩が地震動によって崩れたのです。山の多い日本列島では大地震が発生した時，このように大規模な地すべりやがけ崩れの被害が頻繁に生じてきました。

図2-24　中越地震での斜面崩壊の様子（新潟県）

　中越地震時，旧山古志村では土砂崩れによって道路が寸断され，孤立した集落があったり，川が土砂によってせき止められ，谷にあった集落が湖となったりしてしまいました。まるでダムの底に沈んだような状況でした。**図2-25**は，数年後の集落の様子です。水はなくなりましたが，集落は放棄されたため，草がかつての水の高さまで伸びています。

　日本には活断層が数多く存在します。日本列島及び周辺で地震が多発するのは，先述のプレート相互の働きと，結果的に圧縮の力を受けた列島内部の多数の逆断層の存在によるものです。日本の面積は世界の陸地の2％にしかすぎません。しかし，世界で発生した地震の約10％が日本列島で生じているのです（**図2-26**）。

図2-25　せき止められ消滅した集落の跡

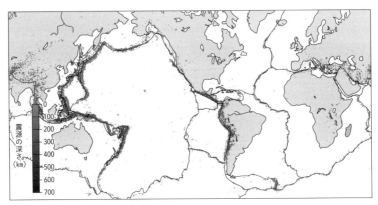

図2-26　世界の地震の震央分布

2 噴火し続ける火山列島

（1）火山の分布と地震の分布

　まずは世界に存在する火山の状況を見ていきましょう。**図2-27**は世界
の火山分布を示しています。

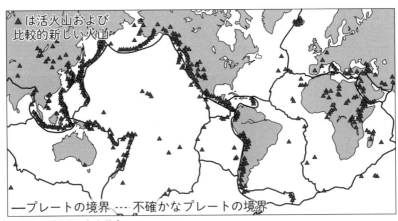

図2-27　世界の火山分布

この図から，火山の分布は，地震の発生分布と類似していることがわかります。特に太平洋を取り巻く火山帯は「環太平洋火山帯"Ring of Fire"」と呼ばれますが，「環太平洋地震帯」とほぼ一致しています。火山の形成は先に述べたプレートの存在やその動きとも関係しています。ちなみに，地震発生分布や火山分布から，日本海を挟んだアジア大陸では地震や火山活動が日本とは異なることがわかります。

太平洋を取り巻く火山帯や地震帯，さらには高い山々の形成は，プレートとプレートが衝突したり，一方のプレートが他方のプレートの中に沈み込んだりといったプレートテクトニクスの理論で説明することができます。

(2) 日本列島における火山の発生と分布

日本列島における火山発生のメカニズムについて，北東日本を例に示します。

図2-28からわかるように，海洋プレートが大陸プレートに沈み込む時，その作用によってマグマが発生します。マグマは地中のマグマだまりを経て，火山から噴出されます。ほかにも海嶺やホットスポットなどがありますが，基本的に日本列島の火山の形成や噴火は，この沈み込みが原因となっています。

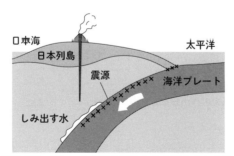

図2-28　プレートの沈み込みと火山噴火のしくみ

日本列島では，火山は帯状に分布しますが，海洋プレートが大陸プレートに沈み込む位置（ほぼ海溝あたり）から，火山は一定の距離を持って，その位置とほぼ平行に並んでいます。これは火山フロント（前線）と呼ばれます。北東日本では，日本海溝から西側へ，南西日本では南海トラフから，北西方向へ，一定の距離を保っています。これらの関係は**図2-29**で示しています。

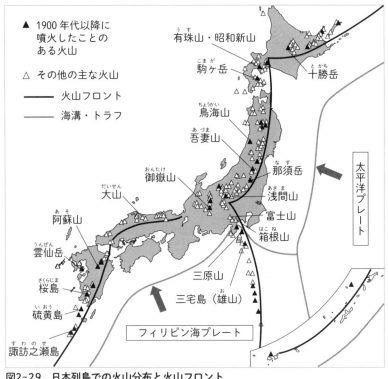

図2-29　日本列島での火山分布と火山フロント

　図2-29からは，火山が集中する場所とほとんど存在しない場所とがあることがわかります。プレートが沈み込む位置やその深さ，さらには形成された時代によって異なると考えられています。

北海道，東北，九州の火山は，海洋プレートが大陸プレートに沈み込む時に形成されたことがわかります。また，日本列島周辺では，海洋プレートが海洋プレートに沈み込んで火山が形成されることもあります。例えば，小笠原諸島など，南北に火山島が続いているのがわかります。これは，太平洋プレートがフィリピン海プレートに沈み込むことによって，火山が形成されているためです。

(3) 世界の火山発生のメカニズム

　日本と同じように，海洋プレートが大陸プレートに沈み込むために火山ができる例は多々あります。例えば，北米の太平洋側に存在するプレートが北米大陸に沈み込むことによって，「カスケード」と呼ばれる火山帯が形成されました。20世紀に入ってからのラッセン火山やセントヘレンズ火山の噴火（**図2-30**）はその影響です（ただ，北米大陸と太平洋プレートの間にはファンデフカプレートと呼ばれる小さなプレートが存在し，これが北米大陸に沈み込んでいます）。

　日本は北海道から九州まで活火山が分布するのに対し，アメリカはその広さにも関わらず，活火山は太平洋側のカスケード帯に集中します。そのため，近年の火山噴火も実はこの2つの火山だけなのです。

図2-30　北米の火山(左:ラッセン火山　右:噴火後のセントヘレンズ火山)

南米の太平洋側の火山形成も同じメカニズムと言って良いでしょう。ヨーロッパに目を転じても，アフリカプレートとユーラシアプレートの沈み込みの関係が，イタリアはじめ地中海の多くの火山活動に関係しています。

　一方で，異なったメカニズムで火山が形成される場合もあります。例えば，アフリカの地溝帯のように，プレートがそこから両側に広がる地域で，キリマンジャロやニーラゴンゴのような有名な火山が形成されている例があります。同じように，大陸の裂け目に火山活動が見られる例では，アイスランドが挙げられます。

　また，ハワイは火山島としても有名ですが，これは，ハワイがホットスポットと呼ばれる位置にあるからです。図2-31のように，太平洋プレートは西に向かって動いていますが，火山のマグマの供給源は一定の場所にあります。ここから海底の地殻を突き破ってマグマが噴出し，陸地（島）を作ります。これをホットスポットと呼びます。太平洋プレートが西へ移動するため，新たな火山島は常に東側に形成されていきます。

　ホットスポット上の火山島の分布によって，過去のプレートの動きがわかることもあります。図2-32は「天皇海山列」と呼ばれる海底火山の分布で，形成されたメカニズムはハワイ島と同じですが，ハワイ諸島やその西側の延長上にある島々とは違って，北側に並んでいるのがわかります。つまりこの境界点から，プレートの動く方向が変わったことが推測できます。

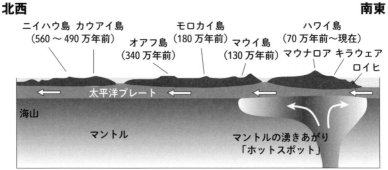

北西　　　　　　　　　　　　　　　　　　　　　　　　　　**南東**

ニイハウ島　カウアイ島　　　　　　　　　　モロカイ島　　　　　　　　　ハワイ島
（560〜490万年前）　　　　　　　　　（180万年前）　　　　　　　　（70万年前〜現在）
　　　　　　　　　　オアフ島　　　　　　　　　マウイ島　　　マウナロア　キラウェア
　　　　　　　　　（340万年前）　　　　　　（130万年前）　　　　　　　　ロイヒ

太平洋プレート

海山

マントル

マントルの湧きあがり
「ホットスポット」

図2-31　ハワイ島とホットスポット

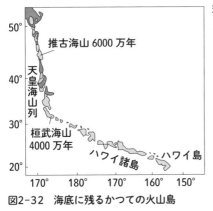

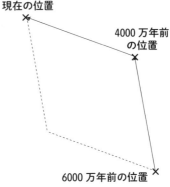

図2-32　海底に残るかつての火山島

COLUMN: 火山・地震活動を生じるプレートの形成

　日本列島の地震や火山活動が多いのは，プレートがほかのプレートに沈み込むことを説明してきました。では，プレートが生じるところはどこでしょう。

図は日本列島に大きな影響を与える世界最大のプレート・太平洋プレートを例にして，スタート地点である中央海嶺，上で紹介したホットスポット，海溝の関係を示したものです。プレートはリソスフェアと呼ばれる硬い岩層で，その下にはアセノスフェアと呼ばれる流れやすくやわらかい岩層が存在します。

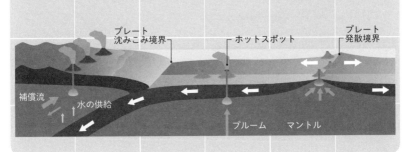

3 短期間の予測可能な気象災害

(1) 台風・集中豪雨

❶ 台風と低気圧

　毎年，日本に甚大な被害を与える台風について見ていきましょう。台風とは，気象庁によると「熱帯の海上で発生する低気圧を「熱帯低気圧」と呼び，このうち北西太平洋（赤道より北で東経180度より西の領域）または南シナ海に存在し，なおかつ低気圧域内の最大風速（10分間平均）がおよそ17m/s（34ノット，風力8）以上のもの」と定義されています。なお，気圧が周囲より低いところを低気圧と呼び，高いところを高気圧と呼びます。風は低気圧の中心に向かって吹き込むため，中心付近では，上昇気流によって雨域が広がります（逆に高気圧の周辺では，下降気流により中心から風が吹き出し，晴れの地域が広がります）。

　台風のような暴風が襲うのは日本だけではありません。熱帯低気圧が暴風となったものは，**図2-33**のように地域によって名称が異なります。北西太平洋，カリブ海，メキシコ湾および西経180度より東の北東太平洋に存在する熱帯低気圧のうち，最大風速が約33m/s以上になったものを「ハリケーン」と呼びます。また，「サイクロン」は，ベンガル湾やアラビア海などの北インド洋や南太平洋に存在する熱帯低気圧のうち，最大風速が約17m/s以上になったものを指します。

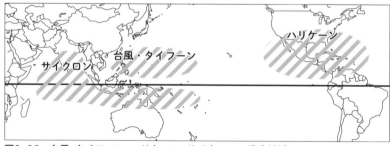

図2-33　台風・タイフーン，ハリケーン，サイクロンの発生地域

なお，台風とタイフーンは日本語と英語どちらで表記するか，という違いであり，同じものとされることもあります。確かに発生地域は同じですが，タイフーンは最大風速がハリケーンと同レベルの33m/s以上のものを指します。

　気象庁では毎年，その年に最も早く発生した台風を第1号とし，発生順に番号をつけています。以前はアメリカによって英語名（人名）が付けられていました。しかし，平成12年（2000年）から，北西太平洋または南シナ海の領域で発生する台風には，同領域に共通のアジア名として固有の名前（加盟国などが提案した名前）を付けることになりました。これは，アジア各国・地域の文化の尊重と連帯の強化，相互理解を推進すること，人々になじみのある呼び名をつけることによって防災意識を高めることを目的としています。

❷ 台風の発生・成長と日本列島への影響

　台風は，暖かい海面から供給された水蒸気が凝結する時に放出される熱をエネルギーとして発達します。この熱によって暖められた空気が上昇気流を強め，地上では中心気圧が下がり，中心に向かって吹き込む気流に地球の自転による力が働き巨大な渦となります。大気の状態も重要な要因であるため，海面水温が高いだけでは，台風の発生・発達につながりません。ただ，現時点では，海面水温と台風の規模に関する実証的なデータはまだありませんが，今後海面水温が高くなると供給されるエネルギーが大きくなり，台風が巨大化することが懸念されているのも事実です。

　台風は北上して成長を続け，日本列島に上陸すると暴風や豪雨で被害をもたらします。台風は季節によって進行方向が異なります。**図2-34**に月ごとのコースの違いを示しました。

　どの時期の台風も，最初は北西〜北北西の方向に進みますが，途中から大きく東側にカーブして日本列島にやってきます。これは，発生した台風は東側からの貿易風によって西側に進み，その後，西側からの偏西風によって東側に流されることによるものです。

　同時に，夏に発達する北太平洋高気圧（小笠原高気圧）も台風の進路に大きく関係します。台風はこの北太平洋高気圧の西側の縁に沿って進みま

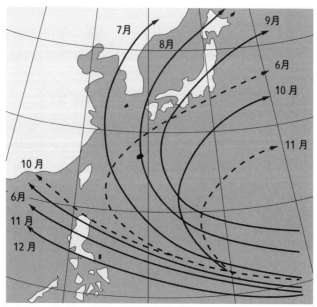

図2-34　月ごとの台風のコース（気象庁）

す。北太平洋高気圧の勢力が大きいと台風は日本には上陸せず，西の方を北上し，中国等に上陸しやすくなります。

　台風が，日本付近に接近すると上空に寒気が流れ込むようになり，次第に台風本来の性質を失って「温帯低気圧」に変わります。場合によっては，熱エネルギーの供給が少なくなり衰えて「熱帯低気圧」に変わることもあります。このように，上陸した台風が急速に衰えるのは，水蒸気の供給が絶たれ，さらに陸地との摩擦によりエネルギーが失われるからです。

❸ 台風のメカニズム

　台風の断面の模式図を示します（**図2-35**）。先述の理由で台風は回転する巨大な空気の渦と言えます。下層では中心に向かって反時計回りに空気を吸い込みながら上昇します。また，上層では下層とは逆に時計回りに噴出しています。台風の目では下降気流が見られ，雲がなく風雨も弱くなります。しかし，台風の目の周囲では，非常に発達した積乱雲が壁のように目を取り巻き，猛烈な暴風雨となります。

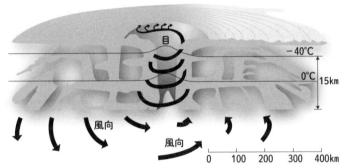

図2-35　台風の構造（「日本大百科全書」より）

❹ 2019（令和元）年の甚大な台風被害

　2019年は，気象庁が43年ぶりに「台風」を入れて命名した「令和元年房総半島台風（ファクサイ）」（9月），「令和元年東日本台風（ハギビス）」（10月）による大きな被害が発生しました（台風の名称は先述のアジア名です）。特に10月に入ってもこのような大規模な台風が続いたのは，エネルギー源となる海面温度が高かったことが原因です。

　東日本台風では，2019年10月12日15時30分に，大雨特別警報が静岡県，神奈川県，東京都などの7都県で発表され，その後，茨城県，栃木県等に，最後に岩手県でも発表されました。最初の特別警報の発表から9時間という短時間で13都県での発表になったのは，特別警報が運用されてから初めてのことでした。

　日本政府はこの台風の被害に対し，激甚災害，特定非常災害（台風とし

ては初），大規模災害復興法の非常災害（2例目）の適用を行いました。また，災害救助法適用自治体は14都県の390市区町村に達し，東日本大震災を超えて過去最大の適用となりました。

　図2-34に示したように，10月になると台風は偏西風の影響で日本の南で東に進路を変え遠ざかる場合が多いのですが，東日本台風が発生した時期には平年より偏西風が北に偏っていたことも上陸の原因の一つとされています。さらに，10月時点でも北太平洋高気圧が日本周辺に張り出していたため，台風はゆっくりとその縁を回るように北上し，東日本に上陸するコースを取りました。

❺ **線状降水帯とバックビルディング現象**

　近年，集中豪雨の観測技術の向上によって，「線上降水帯」のメカニズムが明らかになってきました（**図2-36**）。線状降水帯とは「次々と発生する発達した雨雲（積乱雲）が列をなした，組織化した積乱雲群によって，数時間にわたってほぼ同じ場所を通過または停滞することで作り出される，線状に伸びる長さ50〜300km程度，幅20〜50km程度の強い降水をともなう雨域」（気象庁）のことです。次々に風上側で上昇気流が発生し，積乱雲ができることから「バックビルディング現象」とも呼ばれます（**図2-37**）。

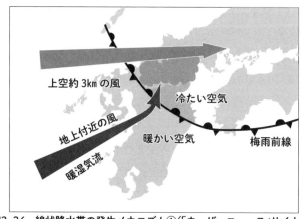

図2-36　線状降水帯の発生メカニズム①（「ウェザーニュース」サイトより）

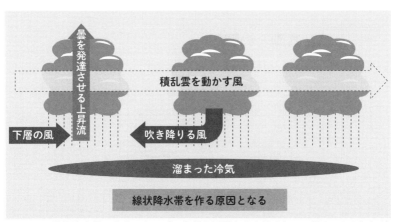

雲を発達させる上昇流

積乱雲を動かす風

下層の風

吹き降りる風

溜まった冷気

線状降水帯を作る原因となる

図2-37　線状降水帯の発生メカニズム②(「大震災を生き抜くための備え」サイトより)

　これらの気象用語がマスコミなどで使用されるようになったのは，集中豪雨によって甚大な被害が発生した2014（平成26）年8月の広島土砂災害からです。その後も，平成27年9月関東・東北豪雨，平成29年7月九州北部豪雨，平成30年7月豪雨（西日本豪雨），令和2年7月豪雨，で線上降水帯が生じましたが，実はそれ以前からの発生が指摘されています。**図2-38**は，2015年関東・東北豪雨の常総水害後の様子です。左側は広げられた遊水地，右側は新築された堤防です。

図2-38　2015年関東・東北豪雨後の改修の様子

COLUMN: 台風と高潮との関係

　台風によって高潮が発生し，被害を拡大することがあります。これは低気圧によって海面が上昇すること，さらに強風によって陸側に向かって波が強くなることが挙げられます。この2つの力が相乗するためです。

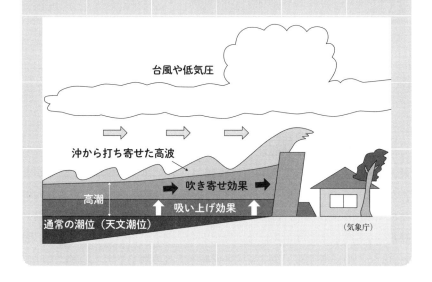

台風や低気圧

沖から打ち寄せた高波

吹き寄せ効果

高潮

吸い上げ効果

通常の潮位（天文潮位）

(気象庁)

(2) 豪雪

❶ 近年の豪雪被害

　国内の豪雪の被害状況について簡単に整理します。なお，豪雪の名称は気象庁によります。死者228名，行方不明者3名，負傷者356名を生じた「昭和38年1月豪雪」（1963年）では，北陸地方を中心に大雪となり，鉄道はストップして道路も除雪が追いつかず，孤立する集落が多数出ました。「昭和52年豪雪」では，北海道・東北地方・北陸地方を中心に大雪となり，死者101名，負傷者834名の被害が出ました。「昭和56年豪雪」では北陸など日本海側で大雪となり，死者133名，行方不明者19名の犠牲が生じました。「昭和59年豪雪」でも，北海道の日本海側や北陸地方が大雪となり，131名の死者が出ました。

最近の「平成18年豪雪」（2007年）では，12月から１月上旬にかけて非常に強い寒気が大陸から日本付近に南下し，強い冬型の気圧配置が断続的に現れ，日本海側では記録的な大雪となりました。各地で12月の積雪としては最高記録を更新すると共に，東日本と西日本では12月の月平均気温が戦後最も低くなりました。屋根の雪下ろし等除雪中の事故や落雪，倒壊した家屋の下敷きになるなどして死者152名，負傷者2,145名の人的被害が発生し，さらには家屋の損壊や交通障害，電力障害等，多数の被害が発生しました。

❷ 日本海側の大雪

　豪雪地帯が特に日本海側に多いのは次の理由によります。冬はシベリア高気圧が張り出し，西高東低型の気圧配置をつくります。北西からの季節風が暖かい日本海を通過すると大量の水を吸収し，それが日本海に面した山々に衝突することで多量の降雪となります。そのメカニズムを**図2-39**に示しました。日本海に強い寒気があったり，季節風が弱かったりした場合には海岸部から平野部にかけても大雪になります。

　また，豪雪は冬場だけでなく，融雪期の春先に地すべり（特に雪崩地すべりと呼びます）などの被害をもたらすこともあります。

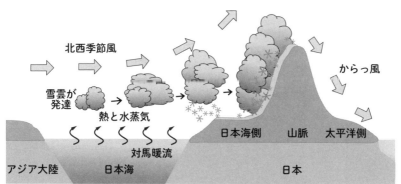

図2-39　日本海側の豪雪のメカニズム（東京大学大気海洋研究所「ポーラーロウ～冬の海上の不思議なうずまき」サイトより）

冬の豪雪地帯に大地震が発生し，犠牲者数が多くなった例が記録に残っています。1666年2月1日（寛文5年12月27日）に起きた「越後高田地震」(現在の新潟県上越市）がそれです。この地震では高田城はじめ城下でも被害が大きく，死者は1,500名に達したとされています。

　1961（昭和36）年2月2日に発生した「長岡地震」においても，地震の規模の割には全壊した家屋が多く，犠牲者が生じました。積雪の影響が大きかったと考えられています。

❸ 日本列島の豪雪地域

　図2-40は，豪雪地帯及び特別豪雪地帯指定図です。意外かもしれませんが，日本列島は豪雪地域が一定の割合を占めています。豪雪地域とは，豪雪地帯対策特別措置法に基づく指定要件で，省令で定める累年平均積雪積算値が5,000センチメートル日以上の地域を言います。

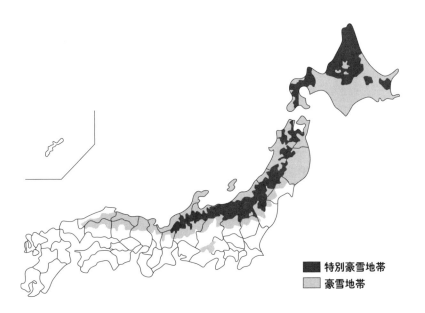

特別豪雪地帯
豪雪地帯

図2-40　豪雪地帯及び特別豪雪地帯指定図

（3）雷・突風・竜巻

❶ 雷の怖さ

人数は必ずしも多くはありませんが，毎年のように犠牲者が発生しているのが，落雷です。落雷のメカニズムも，台風同様上昇気流の発生によります。雲の中にある氷の粒子同士のぶつかりによって，マイナスとプラスの電気が発生し，上層にはプラスの電荷，下層にはマイナスの電荷と分かれます。下層とプラスとなった地上との間に放電が発生し，地上に落ちるのが落雷です。落雷時の電圧は200万～10億ボルト，電流は1千～50万アンペアにも達します。このような高圧高温の電圧・電流が地上を直撃すると火災が発生したり，周辺に人がいた場合には死傷者が生じたりします。

また，落雷の衝撃としては直撃だけではなく，側撃もあります。大雨時の雨宿りとして，大木の近くに避難することがありますが，雷が鳴っている時は非常に危険です。**図2-41**は側撃の様子を示しています。雷が聞こえ始めたら，できる限り早く建物や車の中に避難することが賢明です。

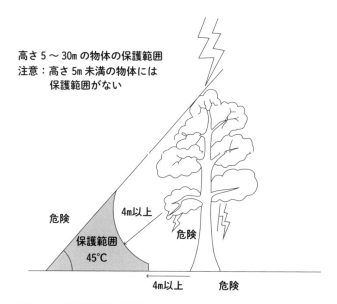

高さ5～30mの物体の保護範囲
注意：高さ5m未満の物体には
　　　保護範囲がない

危険

保護範囲
45℃

4m以上

危険

4m以上　　　　危険

図2-41　雷が側撃する様子

❷ 突風と竜巻

　突風には，竜巻，ダウンバースト，ガストフロント，つむじ風などがあり，最初の3つは大きな被害を生じさせることもあります。これらは積乱雲に伴って発生するもので，竜巻は上昇気流によって生じる激しい渦巻きです。多くの場合，漏斗状または柱状の雲を伴います。ダウンバーストは，逆に積乱雲からの下降気流によって生じます。ガストフロントは積乱雲の下で形成された冷たい空気が移動することによって発生します。**図2-42**にその状況を示します。

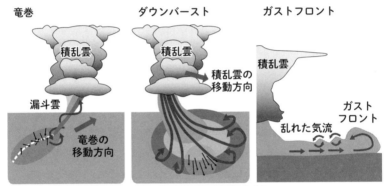

図2-42　竜巻・ダウンバースト・ガストフロント（気象庁）

　つむじ風やじん旋風も，風が地面に当たることや，上昇気流によって生じます。積乱雲とは関係なく，強い日射によって地面が暖められ空気が上昇することで発生しますが，その規模は小さく災害には至らない場合がほとんどです。学校の校庭などで起きる場合もあります。

❸ 藤田スケールとその改良版

　竜巻などの激しい突風をもたらす現象は水平規模が小さく，既存の風速計から風速の実測値を得ることは困難でしたが，1971年にシカゴ大学の藤田哲也博士により，竜巻やダウンバーストなどの突風で発生した被害の状況から風速を大まかに推定する「藤田スケール（Fスケール）」が考案されました。ただ，藤田スケールは，日本の建築物等の被害に対応しておらず，評定に用いることのできる被害の指標が9種類と限られているといっ

た点がありました。

　そこで気象庁では，藤田スケールを改良し，より精度良く突風の風速を評定することができる「日本版改良藤田スケール（JEFスケール）」を2016年12月に策定し，翌年4月から突風調査に使用しています。藤田スケールでは，被害指標が住宅，ビニールハウス，煙突，自動車，列車，樹木等の9種類でしたが，JEFスケールでは住宅や自動車等が種別ごとに細分化され，日本でよく見られる自動販売機や墓石等を加えて30種類に増えています。

4 日本の四季の特色

（1）日本をめぐる気団の存在とその影響

　日本の四季に大きな影響を与えているのが，列島周辺の4つの気団であり，それぞれシベリア気団，オホーツク海気団，小笠原気団（北太平洋気団），揚子江気団と呼ばれています。気団とは，広域にわたって，温度や湿度などが均質となっている大規模な空気塊のことです。気団は高気圧と関わっており，その働きが，様々な気象現象や自然災害につながります。**図2-43**に日本近辺の気団の位置を示します。

図2-43　日本の4つの気団

（2）春から秋へ（梅雨前線と秋雨前線）

　春から盛夏への季節の移行期に，日本から中国大陸付近に出現する停滞前線のことを「梅雨前線」と呼びます。シベリア高気圧やオホーツク高気圧と北太平洋高気圧とが張り合ってぶつかることによって形成されるのが，梅雨前線です。そのため，日本列島は多くの範囲で梅雨となります。この前線が停滞し，南から湿った空気が多量に供給されることによって豪雨となることがあります。特に梅雨の終わり頃，北太平洋高気圧から入ってくる暖かく湿潤な空気が西日本に豪雨をもたらすことがあります。梅雨の時の天気図を**図2-44**に示します。一般的には，前線は南北振動を繰り返しながら沖縄から東北地方へゆっくり北上していきます。

　北太平洋高気圧がオホーツク高気圧を北へ押し上げると，梅雨が明け，夏がやってきます。なお，台風は夏にも発生しますが，秋になると，台風が北太平洋高気圧の西縁を回って北上することが多くなります（p.84参照）。

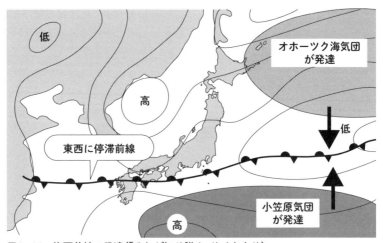

図2-44　梅雨前線の発達（「それが知り隊！」サイトより）

（3）秋から冬へ

　秋になり，北太平洋高気圧が弱まってくると，偏西風が南下し，大陸か

らの寒気が日本に入ってきます。これと北太平洋高気圧との間に秋雨前線が形成され，雨が続くことがあります。ただ，北太平洋高気圧の勢力が梅雨期ほど活発でなく，前線の南側から吹き込む湿った暖気の流入が少ないため，梅雨前線のように長期間にわたって停滞することはありません。

その後，これらの高気圧が弱まると，西の方から揚子江高気圧が日本列島を訪れ，いわゆる秋晴れが続きます。毎年これが繰り返されるのですから，統計的に見ると特定の日が晴れになる傾向があります。これが「特異日」と呼ばれるものです。10月10日はこの特異日であり，1964年の東京五輪開会式になったのはこのためです。記念日として残った体育の日が，かつては10月10日に固定されていたのもうなずけます。

冬になると，シベリアを中心とする強い寒気団が形成されます。これがシベリア高気圧になり，西高東低型の気圧配置が日本列島に大きな影響を与えることは先述した通りです。

COLUMN: 温暖前線と寒冷前線

　「前線」という言葉はよく耳にすると思います。これは元々，敵と味方がぶつかりあう戦争に関する用語でした。性質の異なる二つの気団が相対している面が前線面です。前線面では，気温，気圧，風向・風速，温度などの変化が著しいのが特色です。前線面と地表との交わりを前線と呼びます。前線には温暖前線と寒冷前線があります。

　温帯低気圧は，低緯度の温暖で湿潤な亜熱帯の気団と高緯度の寒冷で乾燥した寒帯気団の境目に発達する大規模な空気の渦です。地球の自転の影響で，北半球では温帯低気圧の渦は，図のように反時計回りとなります。暖気が寒気に向かって進行し，寒気の上に押し上る時，その境界の面が温暖前線面であり，これと地面との交線を温暖前線と呼びます。逆に寒気が暖気に向かって進行し，暖気の下に潜りこむ時，その境界面が寒冷前線面であり，地面との交線を寒冷前線と呼びます。温暖前線が近づき通過すると，緩やかな雨が長期間続き，通過後，温度は上昇し晴天になります。寒冷前線が通過すると，急激な雨が降り，気温も下がります。

5 土砂災害

(1) 日本列島に多い斜面災害

　日本列島では中山間部の広がりを反映して，各地で土石流，地すべり，崖崩れなどが頻繁に生じます。これらは集中豪雨等によって引き起こされることが多いので，風水害として捉えられることもありますが，崖崩れなどの斜面崩壊は，地震の衝撃によっても生じることがあります。海外ではまとめて「地すべり」の語句で統一され，細かい区分はされないこともあるため，分類は日本の特徴かもしれません（図2-45）。ここでは，この代表的な3つの斜面災害について簡単に触れていきます。

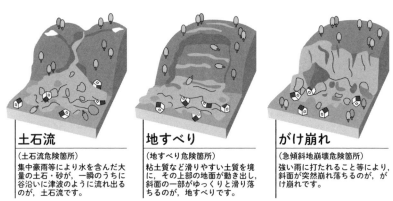

土石流
（土石流危険箇所）
集中豪雨等により水を含んだ大量の土石・砂が，一瞬のうちに谷沿いに津波のように流れ出るのが，土石流です。

地すべり
（地すべり危険箇所）
粘土質など滑りやすい土質を境に，その上部の地面が動き出し，斜面の一部がゆっくりと滑り落ちるのが，地すべりです。

がけ崩れ
（急傾斜地崩壊危険箇所）
強い雨に打たれること等により，斜面が突然崩れ落ちるのが，がけ崩れです。

図2-45　土石流・地すべり・がけ崩れ（「いさぼうネット」より）

(2) 破壊力の大きい土石流

　集中豪雨で大きな被害が生じる原因に，土石流災害があります。土石流発生後の写真を見ると，巨礫や土砂が一緒になって堆積していることがわかります。

　土石流が発生する時は先端部に巨礫が集中して下方へ流れますので，いわばハンマーのような状態になり，破壊力が高まります。土石流の流れた後は，あたかも大蛇が通ったような状況を呈するところから，かつては「蛇抜け」などと呼ばれることもありました。「日本書紀」に登場する

八岐大蛇は，土石流が発生した後を表していると言われています。さらに，この八岐大蛇をスサノオ（素戔嗚尊）が退治した時，尻尾から三種の神器の1つ「天叢雲剣（草薙剣）」が出てきたことは，出雲地方のたたら製鉄と関連して考えることができます。見方を広げると，八岐大蛇に見立てた土砂災害を防ぐための工事を施したのが，鉄加工技術を持った出雲地方の技術者集団だったと言えないこともないでしょう。

　昭和の代表的文学作品，谷崎潤一郎『細雪』においては，死者・行方不明者700名を生じた1938（昭和13）年の阪神大水害の様子が次のように書き表されています。「六甲の山奥から溢れ出した山津波なので，真っ白な波頭を立てた怒濤が飛沫を上げながら後から後からと押し寄せ来つつあって，恰も全体が沸々と煮えくり返る湯のように見える」。当時，谷崎潤一郎は災害のあった周辺（住吉村）に住んでいたため，被害を切実に感じたことでしょう。図2-46はこの時の土石流で運搬された花こう岩に文字を刻み，記念碑としたものです。

　また，土石流の流れた後については，明治日本の治水事業に功績のあったお雇い外国人ヨハネス・デ・レーケ（オランダ）の有名な言葉があります。富山県・常願寺川の治水工事前に発した「これは川ではない，滝だ」

図2-46　住吉川沿いに建てられた記念碑

というものです。**図2-47**は，2018年広島県で6つの堰堤を破壊し，その
うち2つの堰堤を消滅させた土石流の跡です。デ・レーケが目の当たりに
したのはこのような状況であり，「滝だ」と言ったことが実感できます。

図2-47　広島での土石流

（3）大規模な広さに達する地すべり

　地すべりは急激に発生することもありますが，基本的にはゆっくりと土
地が移動します。大規模に広がることもあるため，工事が継続的に行われ
ることも珍しくありません。

　地すべりも，土石流と同じく様々な伝説があります。新潟県上越市板倉
地域では昔から地すべりが多く，旅の僧が地すべりを止めるために自ら人
柱になったという伝説がありました。その後，地中から甕の中で座禅を組
んだ人骨が発見され，伝説が本当のことであったことがわかり，人柱供養
堂が建てられました。お堂では「すべり止め」のお守りが販売され，受験
生に人気だそうです。**図2-48**はその人柱供養堂と当時の様子を再現した
施設です。

　なお，上越市板倉は近年でも雪崩地すべりが生じ，集落付近まで多量の
雪や土砂が接近し，多くの住民が避難してニュースになりました。

図2-48　地すべり人柱供養堂

図2-49　地すべり地形を示す棚田と植生

　ちなみに,「田毎の月」という言葉で知られる棚田は, 地すべりによって
できた地形であることも多いのです。図2-49は, 地すべりによって生じ
た棚田と地すべり地形に見られる植物の形態です。写真の棚田は「棚田百
選」にも選ばれた上船倉（新潟・上越市安塚区）です。隣の長野県からは
全国で最も多い16の棚田が選ばれています。

　植物は地盤がすべっていても, 常に太陽の方を向いて伸びます（光屈
性)。そのため, 雪の重みも加わると, このようなU字形になります。

COLUMN: 自然災害が様々に描写されてきた日本列島

　日本列島で多発する自然災害は，人々の社会や生活に大きな影響を与えてきました。特に河川氾濫・溢水，土砂災害に関しては，先史以来から現代まで，災害文学とも言うべき作品も生み出してきています。

　古典では，土石流を示したと推定される八岐大蛇が『古事記』や『日本書紀』に登場します。1938（昭和13）年の「阪神大水害」が記述された谷崎潤一郎『細雪』（1943）は，本章で紹介しました。

　現代文学では，太平洋戦争終結直後の1945（昭和20）年9月に日本を襲った枕崎台風と気象台の様子を描いた，柳田邦夫『空白の天気図』（1975）が有名です。この台風は，原爆投下から1か月後の広島で死者・行方不明者が2,000名を越えるなど，大きな被害をもたらしました。

　映画「もののけ姫」（1997）の舞台の1つとされる，屋久島の美しい景観（写真）は，毎年の台風直撃による倒木や土石流による転石に，コケ類の豊かな植生が加味されてできあがったものです。

　被害が生じれば「災害」になる自然現象を，自然景観を生み出すものとして捉えることについては，別の章で述べたいと思います。

台風がもたらした屋久島の美しい景観

第**3**節

原子力発電と
エネルギー問題

1 複合災害としての
原子力発電所事故災害

（1）原子力発電の新たな課題

　人間社会に大きな影響を与える災害として，放射線が放出される原子力災害があります。東日本大震災の中でも最も復旧が困難と言える福島第一原子力発電所事故によって，我々は改めて，その被害の甚大さを痛感しました。事故直後から周辺地域では避難を余儀なくされ，帰還困難区域（放射線量が非常に高いレベルにあり，バリケードなど物理的な防護措置を実施し，避難を求め続けている区域）が現在まで存在します。そのため，故郷を失ってしまった人も生じました。個人の問題に留まらず，廃炉までの長い期間と莫大な費用についてなど，事故後10年経っても，依然として見通しの立たないところがあります。

　また，被災地からの転校生に対するいじめや，農産物等の風評被害など，多くの課題が表出されたと言えるでしょう（残念ながら福島県とそれ以外の地域，福島県内でも原子力発電所が立地する地域と離れた地域では，事故に対する認識の差が大きくなっているのは事実です）。原子力災害は，これまで紹介してきた自然災害に比べると，人間の対応に原因があって生じた事故災害とも言えます。

　一方で，持続可能な社会の構築を考えた場合，エネルギー問題や環境問題，加えて医療における放射線活用など，原子力や放射線は無視することができません。

　そのため，本節の後半では，なぜ日本で原子力発電所が必要と考えられてきたのかを，SDGsを踏まえながら日本の自然環境・位置条件と共に考えていきます。原子力発電所の立地から稼働，廃炉に関しての問題，高レ

ベル放射性廃棄物の処理問題，放射線教育の課題，何より環境・エネルギーとの関わりなど，様々な切り口がありますが，SDGsに関連した内容を中心に考察したいと思います。

(2) 過去の原子力発電所事故

原子力発電所の事故が，周辺に大きな被害を与えた例は，海外にもあります。その典型的な例として，1986年4月に，ウクライナ・ソビエト社会主義共和国（現ウクライナ）のチェルノブイリ原子力発電所4号炉で起きた事故が挙げられます。のちに決められた国際原子力事象評価尺度（INES）によると，深刻な事故を示すレベル7に分類されています。原子力発電所事故で放射線による死者が出たのはこれが初めてでした。当時のソビエト連邦政府は犠牲者数33名と発表しましたが，実際のところ関連した死者数は不明です。1991年のソ連崩壊後に独立したウクライナ政府は，エネルギー不足のため残った1号炉から3号炉までの3つの原子炉を運転させ続けましたが，結局2000年には全て閉鎖しました。なお，4号炉は事故直後に「石棺」と呼ばれるコンクリートの建造物に覆われました。

チェルノブイリ原子力発電所事故は，「人類の歴史上，もっとも深刻な環境破壊」と呼ばれることがあります。この重大な事故に対して，当時の日本では関心の高い人が多いとは言えませんでした。しかし，事故後30年以上経っても今なお土壌が汚染されており，故郷に帰還できない人が多くいること，完全な復旧の目途が立たないことなど，福島第一原子力発電所事故を経験した日本にとって，考えなくてはならないことがこの事故にはあります。

日本でも，1999年東海村JCO臨界事故，さらには2007年中越沖地震時に柏崎刈羽原子力発電所事故が発生しました。日本国内で初めて事故被曝による死亡者を出した東海村JCO臨界事故によって，原子力災害対策特別措置法が制定されました。福島第一原子力発電所事故では，同法に基づいて緊急事態宣言が発動され，避難指示が出されたことを覚えている人も多いでしょう。

2007年の中越沖地震では，地震動の揺れによって原子力発電所に破損が

生じ，放射線が漏出しました。この時は，放射線の被害というより「柏崎米」などの農作物，さらには日本海側の漁業に風評被害が起き，第一次産業に大きなダメージが生じました。

　事故後柏崎市では，公益活動を行う市民活動団体やNPO団体の活動拠点となる施設「まちから」（**図2-50**）を整備しました。ここには，中越沖地震の経験と教訓を発信する「中越沖地震メモリアル」が併設されています。さらに，複合災害として柏崎刈羽原子力発電所事故を取り上げており，体験談のコーナーには，防災・減災への教訓となる資料が多く見られます。

　しかし，中越沖地震時に生じた問題，例えば風評被害などは，十分に対策が論議されることもなく，福島第一原子力発電所事故が発生したと言えるでしょう。

図2-50 「まちから」の取り組み（新潟県柏崎市）

(3) 東京電力福島第一原子力発電所事故とその影響

　2011年の福島第一原子力発電所（以後、1Fと表記）事故がどのように起こったのか、ここで少し振り返っておきましょう。

　まず、大きな地震動の揺れが生じた時、原子力発電はすぐに停止しました。つまり、原子力を容器の中に閉じ込めることには成功しました。また、内部電源などによって、何とか核燃料棒を冷却することも可能でした。

　ところが、その後の大きな津波によって、発電所内の蓄電池や非常用発電機などの内部電源機能が失われました。電気の供給が喪失し冷却されなくなった核燃料棒は、自らの崩壊熱によって溶け出しました。

　この事故における最大の問題は、電源を喪失したため、冷却装置が働かなかったということです。その結果、原子炉はメルトダウン（炉心溶融）を起こし、溶融燃料の一部が原子炉格納容器に漏れ出し、放射性物質が外に排出されてしまいました。同時に、炉心を覆う核燃料収納被膜管も溶融し、被膜管をつくっていたジルコニウムと水とが反応して水素が多量に発生しました。そのため、水素爆発が生じ、原子炉の建屋が吹き飛んだのです。爆発する瞬間の映像の方が、多くの人に恐怖感を与えたと言えるでしょう。

　1Fの事故は、国際原子力事象評価尺度（INES）では先のチェルノブイリ原発事故と同じレベル7と分類されました。1F事故後に放射線が放出された地域を**図2-51**に示します。当日同時間帯の風向きによるところが大きかったのですが、この時の状況によって、双葉町や浪江町、飯館村などでは人が住むことができなくなってしまいました。原子力発電所の事故が起きて放射線が放出された場合、風向き・風力によって避難地域や避難方向は変わります。

　図2-52は事故から1年後の飯館村の様子です。整備されていた田圃も、人間が手を加えなければたった1年で、このような状況になってしまうのです。

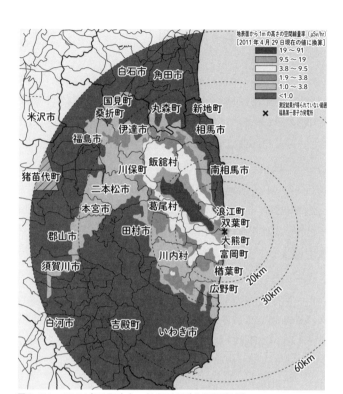

地表面から1mの高さの空間線量率（μSv/hr）
［2011年4月29日現在の値に換算］

	19〜91
	9.5〜19
	3.8〜9.5
	1.9〜3.8
	1.0〜3.8
	<1.0
×	測定結果が得られていない範囲 福島第一原子力発電所

図2-51　2011年4月時点の放射線量（文部科学省）

図2-52　事故1年後の飯舘村の田圃（福島県）

（4）放射線教育の必要と学校の復旧

　公教育では，放射線教育が十分行われてこなかった状況を踏まえ，国（文部科学省）は副読本を作成し，全国の学校に配布しました。副読本は2018年までに2回改訂され，3度刊行されています（2021年3月時点）。初版は放射線のみについて記載され，1F事故を取り扱っていませんでした。そこで，一度目の改訂では二部構成となり，最初にこの事故が記載されました。二度目の改訂では，放射線の理解と共に被災地の復興状況や被災者に対するいじめの問題も取り上げられるようになりました。

　ただ，自治体によっては，内容を疑問視する議会の反発から副読本を回収したところもあります。例えば，滋賀県野洲市は以下のことを指摘しました。「放射線はどこにでもあると，原子力発電所から漏出した放射線と自然界の放射線が同じように書かれている。福島第一原子力発電所事故からの復興が進んでいる点を強調し，今なお帰宅困難者のいる現状など，福島県の方々に寄り添った書き方ではない。小学生にとって内容は高度であり，理解させるのは困難である。」この指摘を踏まえながら，今後，放射線教育を進めていく上で考慮する点が3つあります。

　1点目は，放射線が自然界にどのように存在しているのか，人間が活用できたり危険となったりする量的な基準を示すことです。2点目は，復興が進んでいるところと，廃炉のように長い時間がかかるところを明らかにすることです。3点目は，放射線を正しく理解して必要以上に怖がらないことです。

　誤解が偏見や差別につながらないために，教育を行うことは重要です。教科においては「理科」での取り扱いが中学校の学習指導要領に示されていますが，小学校ではどのように教えていくのか，教師自身にその学びの経験があるのかという課題も存在します。これを克服する一つの方法としては，学校安全との有機的な連動が挙げられるでしょう。

（5）日本の原子力発電所の課題

❶ 問われた水産物の安全性

　日本産の魚介類や農産物に関するニュースで大きな衝撃が走ったのは，2019年5月WTO（世界貿易機関：World Trade Organization）の上級委員会の判決結果でした。日本は，韓国が輸入規制している福島など8県産の水産物は年間1mSv（ミリシーベルト）以下の被曝量という数値基準を満たしており，韓国の措置が不当とWTOに訴えていました。

　一審では，日本の主張が認められたのですが，最終審である上級委員会は数値基準以外の分析が足りないとして，一審の判断を取り消しました。国内の訴訟と違い裁判は2回までしかないため，福島県をはじめとした日本の水産物が輸入規制されたままです（2020年3月現在）。

　日本政府としては，「上級委員会が1審で問題視したのは手続きの誤りである。韓国側は魚類生息水域の環境まで含めて考慮すべきだと主張したが，十分に議論されなかったと訴え，これが認められただけだ」「『日本の水産物は科学的に安全』という1審の事実認定は上級委員会も変えていない。日本の検査は国際基準より厳しく，基準値以上の放射性物質は検出されていない」としています。その上で，日本政府は「今後，輸入規制を巡り個別に協議する方針である。その際，必要なのは安全性をより丁寧に説明していくこと」と述べ，政府は部会で判決を踏まえた今後の水産業支援策の案も示しています。正直なところ，日本政府がきちんと科学的根拠を示して国外に説明してきたのかどうかは不明で，いずれにしても漁業の復興に取り組んでいる人たちの気持ちを考えると残念な気がします。

　日本の水産物等に対する輸入規制は23カ国・地域で続いており（2020年12月時点），政府は，香港や台湾など輸出額が大きい相手を優先して規制解除を要請していく方針を示しています。各国政府にも放射線の正しい理解を求めていく姿勢が必要でしょう。

❷ 高レベル放射性廃棄物の問題

　原子力発電の根本的な課題として，使用済み燃料の廃棄が挙げられます。原子力発電所で使い終わった燃料のうち大部分は燃料としてもう一度利用できるため，リサイクルして再利用することになっています。しか

し，リサイクルした後に残る廃液は，再利用できないことに加えて強い放射線を出します。使用済み核燃料は，原子力発電に関連して発生する放射性廃棄物の中でも放射能が非常に強いため，特に「高レベル放射性廃棄物」と呼ばれています。中には半減期が100万年以上の放射性物質も多く含まれており，廃棄物の最終的な処分が原子力発電の大きな問題であると言えるでしょう。

　ただ，この処分方法が確定されないまま，日本はじめ世界各国で原子力発電が進められています。放射能が非常に強い使用済み核燃料はどこかに廃棄する必要がありますが，現在では，国を超えて移動させることはできず，使用した国の中での処分が求められています。宇宙・海底深部・マントルへの廃棄など，様々な処分方法が検討されましたが実現にはほど遠いものばかりです。結局，原子力利用を推進する国際機関では，地下数百メートルに高レベル放射性廃棄物を埋設する「地層処分」と呼ばれる方法を推奨することになりました。これは，高レベル放射性廃棄物をガラスと混ぜて固めたものを，地下深くの安定した岩盤に閉じ込めて処分するという方法です。将来にわたって人間の手による管理は不要であるとし，自国で地層処分を実施することが各国の目標となっています。

　しかし，処分施設の建設地や候補地が決まっているのはフィンランドとスウェーデン，フランスだけで，しかもこれらの国でもまだ埋設は始まっていません。日本でも地層処分が検討されていますが，そのような場所を日本のような地殻変動の著しい国土に求めることは難しく，ガラス固化体やオーバーパック（金属製の容器）などの人工バリアを用い，科学技術によって強引に封じ込めざるを得ないというのが実情です。

　そもそも，受け入れてくれる地域があるのか疑問です。図2-53は稚内にある幌延地層処分研究所です。ここで地層処分の研究はされていますが，この地域に処分地は作らないことになっています。

　一方，ヨーロッパの石油輸出国であるノルウェーでは，原子力発電所だけでなく，本島には火力発電所すら設置されていません。水力発電で賄っているのです。近年では，日本も太陽光発電，風力発電，そして水力発電にも取り組み始めていますが，火力や原子力だけでなく，新たな発想の転

換が求められていると言えるでしょう。

図2-53　幌延地層処分研究所

2 SDGsと日本のエネルギー事情

（1）エネルギーをみんなにそしてクリーンに

　エネルギーについては，SDGsゴール7に「すべての人々の，安価かつ信頼できる持続可能な近代的エネルギーへのアクセスを確保する」とあり，重要なゴールの一つとして示されています。

　具体的なターゲットとしては，以下の5項目が挙げられています，SDGs7.1「現代的エネルギーサービスへの普遍的アクセスを確保する」，SDGs7.2「再生可能エネルギーの割合を大幅に拡大させる」，SDGs7.3「エネルギー効率の改善率を倍増させる」，SDGs7.a「クリーンエネルギーの研究及び技術へのアクセスを促進するための国際協力を強化し（中略）投資を促進する」，SDGs7.b「開発途上国（中略）すべての人々に持続可能なエネルギーサービスを供給できるよう，インフラ拡大と技術向上を行う」。

　持続可能な社会の構築にとって，すべての国におけるエネルギーの安定供給は不可欠ですが，SDGsゴール7に示されているようなクリーンエネルギーの開発は，現段階では容易ではありません。

（2）日本のエネルギー状況

　日本において，エネルギー資源の確保はいつの時代も喫緊の課題となっています。まず，近年の日本における使用エネルギーの種類と，その使用量について見ていきましょう。**図2-54**にエネルギー使用の移り変わりの様子を示しました。

図2-54　エネルギー資源の移り変わり（資源エネルギー庁）

　図を見ると，使用するエネルギーの内訳が東日本大震災を機に大きく変わっていることがわかります。震災後，一時的に原子力発電所の稼働が停止され，ほかのエネルギー燃料に置き替えられました。従来から使用割合が高かった石炭・石油・天然ガスなどの化石燃料は，海外からの輸入に頼らざるを得ません。特に石油については政治的に不安定な中東に依存しています。石油資源を有する国は，これを戦略的な資源として政治的な交渉に活用することもあり，安定したエネルギー資源とは言えません。

（3）2度のオイルショックがエネルギー施策に与えた影響

　第1次オイルショック（1973年10月〜1974年8月）が起きた時，日本では石油だけでなく，様々な製品の供給に関しても混乱が生じました。オイルショックのきっかけは第4次中東戦争です。OPEC（石油輸出国機構）が原油の供給制限と輸出価格の大幅な引き上げを行うと，国際原油価格は短期間で高騰しました。エネルギーの8割近くを輸入原油に頼っていた日

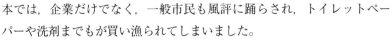

本では，企業だけでなく，一般市民も風評に踊らされ，トイレットペーパーや洗剤までもが買い漁られてしまいました。

　さらに，OPECは1978年末以降段階的に大幅値上げを実施，翌年2月のイラン革命や，翌々年9月に勃発したイラン・イラク戦争の影響が重なり，国際原油価格は再び大きく上がりました。これが第2次オイルショックです。

　日本は，この2度のオイルショックを通じて，エネルギー対策を根本的に見直し，石油の備蓄をするようになりました。また，太陽，地熱，石炭，水素エネルギーという石油代替エネルギー技術にスポットを当て，重点的に研究開発を進めていくことも計画しました。同時に，原子力による発電エネルギー確保も企図しました。

　オイルショックにより，日本だけでなく，石油消費国である先進国を中心に世界経済は大きく混乱したため，各国が様々な対策を立てるようになりました。エネルギー資源を自国内で供給できない先進国，例えばフランスでは，全面的に原子力によるエネルギー確保へ移行しました。

（4）地球温暖化と原子力発電

　1980年代以降，地球温暖化が国際的に大きな課題となりました。化石燃料によるCO_2の削減が重要なテーマであり，COP3が京都で開催されています。COP（Conference of the Parties）とは，「締約国会議」という意味ですが，一般的には，1992年の地球サミットで採択された国連気候変動枠組条約（UNFCCC）に基づく締約国会議を指し，温室効果ガス排出削減等の国際的枠組みを協議する最高意思決定機関を意味します。ベルン（ドイツ）で開かれた1995年のCOP1以降毎年開催され，1997年京都開催のCOP3では，締結国の削減目標を具体的数値で決めた「京都議定書」が締結されました。

　2020年11月に予定されていたCOP26グラスゴー会議は，新型コロナウイルス感染症の影響で，翌年に延期されることになりました。日本は，環境省が「地球温暖化対策計画」を見直した上で，COP26までに二酸化炭素排出量削減に関する新たな追加情報をUNFCCC事務局に提出すると発

表していました。地球温暖化対策推進本部は2020年3月, 京都議定書の後継となるパリ協定に基づき, 加盟国がUNFCC事務局に提出する国別削減目標（NDC）のレビューを実施しており, 環境省は3月31日に事務局に計画を提出する予定でした。

パリ協定は2015年に加盟各国が提出したINDC（約束草案）を見直し, 再検討した内容を2020年の3月までに提出することを義務付けていました。その対応に苦慮していた日本政府にとっては, コロナ禍のおかげ（？）で提出を先延ばしすることができたと言えるでしょう。特に2020年の目標提出では, 国連事務総長が目標の引き上げを各国に要請するなど, 重要視されていました。

日本政府が, 地球温暖化対策計画とエネルギー基本計画の議論をどのように進めるのか, 国内外から注目されています。2021年に固めるエネルギー基本計画について, 例えば, 二酸化炭素排出量削減目標を引き上げなければならないのであれば, 原子力発電の再稼働・新設をせざるを得ません。しかし国内における原発慎重論は根強く, 再生可能エネルギー開発にどの程度まで取り組めるかが課題です。なお, 2020年10月, 菅首相は就任後初の所信表明演説で, 2050年までに, 二酸化炭素排出量を0とすることを表明しました。

世界では, すでに70カ国以上がINDCからの目標引き上げを実施しています。原子力発電はCO_2を排出しないため, 環境に優しいエネルギーと言われた時期もありましたが, 1F事故が生じ, 改めて原子力発電所の危険性が問われるようになっています。

エネルギー対策は, SDGsを踏まえながら, 国際的な動向も注視し, 政府だけでなく国民一人ひとりが考えなくてはならない問題と言えるでしょう。

COLUMN: 廃炉まで先の見えない原子力災害

　東日本大震災では，津波によって，原子力発電所内のすべての電源が失われ，原子炉を冷却することができず，その結果メルトダウンしたことは周知のとおりです。

　福島県内では，福島第一原子力発電所事故による放射線の影響よりも，風評被害のために大きな影響を受けた地域もあります。帰宅困難地域や長期間に及ぶ廃炉までの問題に加え，農産物や水産物の安全性に対して，国内では認められても海外では理解されないことの課題もあります。

　さらには，原子力に頼らないエネルギー施策を望む福島県などの願いと，西日本の状況が異なっていることも事実です。福島県では，稼働が可能と考えられた福島第二原子力発電所も廃炉になりましたが，西日本の原子力発電所は，現時点でも9基が再稼働に向けた作業中（停止中）です。

　静岡県に立地する浜岡原子力発電所は，東日本大震災発生後，東海地震などの可能性を考え，当時の首相によって，すぐに稼働が停止されました。現在は，再稼働に備えて，福島第一原子力発電所の教訓を生かすべく，津波対策や電源確保など，補強及び建設工事がなされています。

　こうした取り組みは，本書で繰り返し登場しますが，SDGs9.1「すべての人々に安価で公平なアクセスに重点を置いた経済発展と人間の福祉を支援するために，地域・越境インフラを含む質の高い，信頼でき，持続可能かつ強靱（レジリエント）なインフラを開発する。」とも大きく関わっています。SDGsは，エネルギー関連施設の重要性を無視できないのです。

■廃炉が決定した福島第二原子力発電所
（東京電力ホールディングス提供）

■上信越高原国立公園「鬼押出し」

第3章

災害への備えと予測

自然災害は予測できるのか

1 地震・津波, 噴火の情報と予測判断

　企業や学校の責任者は, 社員や子供たちに対して, 日常から安全配慮義務が求められています。自然災害が発生しても, 適切な方法を取れば死傷者が生じなかった可能性があったのに, 怠ったために被害が生じた場合に責任が問われます。そこで重要になるのが自然災害の予測ですが, 地震・津波や火山噴火は, 早い段階から対策を準備しやすい気象情報に比べて, 想定が難しいところがあります。

(1) 想定外の津波

　海岸部では, 大きな地震の後に津波が来るというのは予想され, 対応しやすいと言えます。東日本大震災でも, 早目に高台に避難して, 多くの住民が助かった地域もあります。「釜石の奇跡」と言われるように, 岩手県の釜石市では, 日常の学校防災への取り組みが功を奏しました。

　しかし, ハザードマップや防潮堤など, 災害の予想や対策などをしていても, 結果的にそれらを超える津波が発生することもあります。ハザードマップに記載された想定範囲を全面的に信じて避難しなかったため, 犠牲者が生じた地域もありました。

　表3-1と**表3-2**は, 東北3県の住民と児童生徒の, 東日本大震災による犠牲者数を示したデータです。揺れの大きさにも関わらず, 校舎が倒壊して犠牲になった子供は報告されていません。子供達の犠牲者のすべてが津波によるものと考えてよいでしょう。

表3-1 東日本大震災後の子供の犠牲者割合

県民人口（A）		幼・児童生徒数 B（B/A）	住民の被災者数C（C/A）	幼・児童生徒の被災者数D（D/C）	幼・児童生徒の被災割合（D/B）
岩手	1,330,530	163,504 (12.3%)	5,920 (0.45%)	102 (1.72%)	102 (0.06%)
宮城	2,347,975	292,141 (12.4%)	11,200 (0.48%)	430 (3.84%)	430 (0.15%)
福島	2,028,752	272,932 (13.5%)	1,819 (0.09%)	85 (4.67%)	85 (0.03%)
3県計	5,707,257	728,577 (12.8%)	18,939 (0.33%)	617 (3.26%)	617 (0.08%)

数見隆生（2013）より

表3-2 東北3県の公立小・中・高校の震災による犠牲者数（2012年3月時点）

県名	死亡				（人）	行方不明				（人）
	小学	中学	高校	特別	計	小学	中学	高校	特別	計
岩手	16	14	39	3	72	5	1	13	0	19
宮城	154	61	67	5	287	29	14	20	0	63
福島	24	15	25	1	65	（非公表）				
合計	194	90	131	9	424	34	15	33	0	82

注. ①各県教育委員会調べ。岩手県は5月10日, 宮城県は5月12日, 福島県は5月9日現在。
　②福島県の行方不明者数については非公表。　③表中の「特別」は特別支援学校。

　人口比から考えると, 学校での避難はそれなりに効果があったと言えます。地震が発生した時間帯における学校の防災管理も, 全体としてみると決して悪くはなかったと言えるでしょう。

　しかし, 校種別での割合をみると, 高校生の犠牲者数が多くなっています。これは, 当時高校ではすでに卒業式が終わって授業が修了していて, 生徒が学校におらず, 自宅等にいた生徒が自分の判断で避難することが十分にできなかったことが原因と考えることもできます。

　児童生徒が学校にいて, 教員の適切な誘導等を受けて避難して助かった小中学校も, もし児童生徒が学校にいなかったらどうだったでしょうか。釜石の子供たちのように自主的に避難できたのか, 今後の防災教育の点で大きな課題が残ったと言えます。

（2）日本海側の津波

　国内全域に活断層が存在するため，日本海側でも地震が数多く発生したことは，歴史からも明らかになっています。ただ，長らく日本海側ではプレートの存在とその境界が不明瞭であったため，津波は発生しないと考えられていました。しかし，第1章でも取り上げた1983年日本海中部地震，1993年北海道南西沖地震では，それぞれ男鹿半島，奥尻島が津波によって大きな被害を受けました（**図3-1**）。

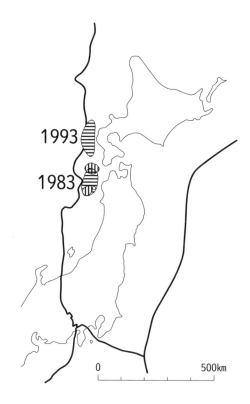

図3-1　日本海側の二つの地震とプレート境界

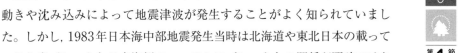

　先述のように太平洋側では，太平洋プレートとフィリピン海プレートの動きや沈み込みによって地震津波が発生することがよく知られていました。しかし，1983年日本海中部地震発生当時は北海道や東北日本の載っている北米プレートと日本海側のユーラシアプレートとの関係が明確ではなく，日本海で発生する津波のメカニズムが十分理解されていなかったことから，想定外の津波だったと言えます。過去に「日本海側の津波は予見ができたかどうか」という点で，男鹿半島の海岸へ遠足に来て犠牲となった小学生の保護者と学校との間で民事訴訟が行われたことがあります。地震学者等も巻き込んだ訴訟でしたが，結局和解となり，日本海側での津波の予見性についての結論は出ていません。ただこの訴訟以降，地震が発生した後は，津波の可能性についてテレビ等が報道することになりました。

　日本海側での津波による100名以上の犠牲者は，1833年の庄内沖地震でも記録されています。これ以降の1964年新潟地震，2007年中越沖地震などは，島弧地殻内での地震であることがわかっており，近世以後，日本海側で数メートルの津波を発生させた波源はすべて新潟以北であることが記録から考察できます。また，日本海側の広範な津波堆積物の調査から，日本海中部地震より1000年以上前にも大規模な津波が発生したことが推定されています。

　以上のことから，日本海側に津波が生じる可能性は，今後もあるといえるでしょう。

（3）予想の難しい火山噴火

❶ 御嶽山の突然の噴火

　2014年9月27日午前11時52分ごろ，岐阜県と長野県の境にある御嶽山（標高3,067m）が噴火し，死者・行方不明者が63人に上る戦後最悪の火山災害となりました。もともと御岳山の噴火は記録になく，1979年の噴火が有史以来と言われていた中での噴火でした。

　この噴火は水蒸気爆発と分析され，火口から噴出された直径20cmから30cmの噴石など，約50万tの火山噴出物によって被害が大きくなりました。国内における噴火による災害としては，1991年6月3日の雲仙・普賢

岳の火砕流発生以来であり，犠牲者数も雲仙・普賢岳の43人を超えました。しかし，噴火の規模としては決して大きくはなく，当初，気象庁に命名された噴火とはなっていませんでした（現在では命名されています）。

　確かに噴火の直前に，火山性微動が観測されていましたが，前兆と言えるのかどうか不明な点もあります。噴火直前まで気象庁の噴火警戒レベルは1（平常）でした。噴火当日は秋晴れの土曜日で絶好の登山日和であったため，噴火を全く意識していなかった登山客が多く被災したと言えます。

　災害後，遺族たちは噴火警戒レベルを2（火口周辺への立ち入りを規制）へ引き上げていなかったとして，国（気象庁）や県を訴えました。噴火警戒レベル引き上げの判断となる火山性地震の増加など，前兆現象を観測できていたなどとする，専門家のデータも引用しての訴えです。一方，国側は「一要素に過ぎず，総合的な判断だった」と反論しました。2021年3月現在も係争中です。

❷ 観光地へのダメージ

　御岳山噴火の翌年2015年5月6日，気象庁は，火山性地震が続いていた神奈川県の箱根山（1,438m）に対して火口周辺警報を発表し，噴火警戒レベル1から，レベル2に引き上げました。翌7日も火山性地震を観測したため，同庁は，今後，火口付近の大涌谷で小規模な噴火が発生する恐れがあるとして警戒を呼びかけました。そのため，観光客は周辺地域に立ち入りができず，箱根への訪問自体を控えざるを得なくなってしまいました。日本有数の温泉地だけに，地元観光業界への影響も大きくなりました。

❸ 伊豆大島三原山の噴火

　日本でも，赤い溶岩が火山から噴出するような噴火があり，その様子がテレビで中継された例があります。それが，1986年11月の伊豆大島三原山の噴火です。この噴火の可能性は少し前から懸念されていました。3年前に南側に位置する三宅島で噴火があったためです。

　さらに，噴火の約半年前の4月には地震群発，7月から11月にかけても地震群発がありました。11月12日には噴気が見られ，そして15日に噴火が始まりました。19日以降溶岩が流下します。「昭和61年（1986年）伊豆

大島噴火」と呼ばれる火山噴火は，このように11月15〜23日と12月18日に生じました。噴火場所は山頂火口だけでなく，山腹からも複数のいわゆる裂け目噴火が発生し，火口列をつくりました。

　11月21日の夜には全島民1万人が島外へ避難し，その期間は約1ヶ月にも及びました。島民も噴火予知連絡協議会も，まさかここまでの噴火になることは予想していませんでした。**図3-2**は噴火後の三原山の様子です。

図3-2　三原山噴火後の様子

❹ 対岸と陸続きになった桜島の噴火

　桜島は小規模な噴火を入れると，頻繁に噴火している日本の代表的な火山です。特に鹿児島市の対岸の大隅半島と陸続きになった1914（大正3）年1月12日の噴火は大規模な爆発でした。死傷者は140名を超え，行方不明者を入れた犠牲者数は60名近くになっています。噴火を予測することの難しさは，この時の記録からもうかがい知ることができます。

　前年の終わりころから前兆現象が見られ，東桜島村役場は測候所に噴火の有無を問い合わせていました。しかし，返答は「桜島に噴火無し」でした。安永噴火（1779年）のこともあり，多くの住民は自主的に避難しましたが，測候所の返答を信用した知識階級の人たちは避難しなかったため，逃げ遅れ惨事となりました。このことについては，以下のような文章が残されていますので，現代仮名遣いにしてそのまま記します（下線は筆者）。

　大正三年一月十二日，桜島の爆発は安永八年以来の大惨禍にして，全島猛火に包まれ，火石落下し，降灰天地を覆い，光景惨憺を極めて，八部落を全滅せしめ，百四十人の死傷者を出せり，その爆発の数日前より，地震頻発し，岳上は多少崩壊を認められ，海岸には熱湯湧沸し，旧噴火口よりは白煙を揚がる等，刻々容易ならざる現象なりしを以って，村長は，数回測候所に判定を求めしも，桜島には噴火なしと答う。

　故に村長は，残留の住民に，狼狽して避難するに及ばずと諭達せしが，間もなく大爆発して，測候所を信頼せし知識階級の人却て災禍に罹り，村長一行は難を避くる地なく，各身を以って海に投じ，漂流中，山下収入役，大山書記の如きは終に悲惨なる殉職の最期を遂げるに至れり。

　本島の爆発は古来歴史に照らし，後日復亦免れざるは必然のことなるべし。<u>住民は理論に信頼せず</u>，異変を認知する時は，未然に避難の用意，尤も肝要とし，平素勤倹，産を治め，何時変災に値うも路途に迷はざる覚悟なかるべからず。茲に碑を建てて以って記念とす。

大正十三年一月　東桜島村

図3-3は，この時の火山噴出物によって埋められた神社の鳥居と，現在の桜島に存在する避難壕です。

図3-3　桜島の神社の鳥居と避難壕

❺ 予見ができた有珠山の噴火

　2000年の北海道・有珠山噴火では予測が早目になされ，住民の避難が可能でした。最大で15,815人が避難指示・勧告の対象となり，迅速な避難が行われたことで人的被害はありませんでした。噴火に関する情報が早かったこと，行政はじめ各関連部門が連携していたこと，ハザードマップが作成され配布されていたこと，これらのことから住民の噴火災害に対する意識が日頃から高かったこと，などはほかの火山地域の防災・減災モデルとなると言えるでしょう。

　しかし，電気・ガス・上下水道・電話等のインフラ，道路・鉄道などの交通，学校などの文教施設は，火山噴火による地殻変動や泥流により大きな被害を受け，復興に多額の予算が必要とされました。その後，この地域が有する火山資源や優れた景観を生かした，災害に強い活力のあるまちづくりを進めるため施策が体系化され，一定の成果を上げました。火山災害に対する復旧・復興についても，大きな指標となったことがうかがえます。

　この事例で，SDGsゴール11「包摂的で安全かつ強靭（レジリエント）で持続可能な都市及び人間居住を実現する」の具体性が示されたと言えます。SDGs11.4には「世界の文化遺産及び自然遺産の保護・保全の努力を

強化する」とありますが，世界ジオパークに認定されている「洞爺湖有珠山ジオパーク」はまさにそのフィールドと言えるでしょう。**図3-4**は現在の有珠山の様子です。

図3-4　現在の有珠山

（4）雪崩，雷，竜巻・突風などの野外活動中の事故

　気象庁の＜注意報＞には，「雪崩」「雷」はありますが，「大雨」「大雪」と違って＜警報＞はありません。ここでは，気象に関する災害の中で，注意報の発表からいきなり重大な災害につながった例を紹介します。

　いずれも高校生が集団で教育活動中に遭遇した事故で，突発的に発生した自然現象とはいえ，本当に防ぐことはできなかったのか，今後のためにも知っておく必要があります。

❶ 栃木県那須高原での雪崩事故

　2017年3月末に，栃木県那須高原で高校生及び引率教員が雪崩に巻き込まれ，8名が犠牲者となる痛ましい事故がありました。栃木県高等学校体育連盟主催の「春山登山安全講習会」に参加していた，県内7校合同山岳部の生徒教員らが，雪中歩行の訓練中に雪崩を受けて生じた事故です。

　栃木県は本事故の検証委員会を設置しました。設置要綱に「責任追及は行わない」と明記されており，調査報告書では教員の責任は追及されませんでした。しかし，「那須雪崩事故検証委員会最終報告書」（2017）では，結論として以下（一部抜粋）のように示されています。

「登山専門部構成員の慣れによる危機管理意識の低さ，県教育委員会による計画，実施に関するチェック及び指導体制の欠落，班構成における生徒と講師の所属の不一致，講師の選定基準の曖昧さ，組織体制や意思決定・情報伝達方法等に対する不十分な共通理解，計画変更における不明確な訓練目的，雪山登山の危険性等の不十分な認識，講師・引率者間の行動範囲の曖昧な認識，各班のルートと進行は主講師の判断に一任，気象等に関わる不十分な情報収集，専門家の助言なし，講師等の雪崩に関する理解不足，救助要請の大幅な遅れ，雪崩に対する認識の甘さと本部体制の不備，緊急対応のための支援体制の未構築，緊急時の連絡方法，通信機器管理の不備，緊急連絡体制の未整備，危機管理（リスクマネジメント）の視点の欠落，緊急連絡網の未整備，危機管理のための教職員研修が不十分等々である。」

事故は起こるべくして起こったような厳しい判断が結論づけられています。さらに，この事故発生の原因は**図3-5**のように示されています。図を見る限り，雪崩事故だけでなく，あらゆる野外体験活動についても，事故発生の可能性があると言えるかもしれません。

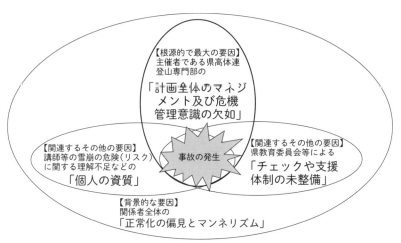

図3-5 事故発生の要因（「那須雪崩事故検証委員会最終報告書」より）

❷ 西穂高岳での落雷事故

1967（昭和42）年，北アルプス・西穂高岳で集団登山中だった長野県松本市の高校生が落雷に遭い，11人が死亡，13人が重軽傷を負った事故が発生しました。8月1日午後，悪天候のため急いで下山中だった2年生と教員の一行46人が，標高2,700m付近にさしかかったところ，突然，落雷に襲われたものです。

落雷事故として一度にこれほどの死者・負傷者が出た例はなく，全国の教育関係者に衝撃を与えました。長野県ではこの事故の影響で登山行事を一時的に中止，その後廃止した学校も少なくありませんでした。

事故当時は引率教員の責任を問う声もありましたが，最終的に教員の過失責任は問われませんでした。しかしその後，落雷に遭う危険性の高い登山については，雷の発生が予想・予測された場合，中止判断をするべきであるとなっています。

❸ 気象情報と適切な対応

SDGsゴール13では，「気候変動及びその影響を軽減するための緊急対策を講じる」と示されています。最新科学技術によって，地震・津波，火山噴火に比べて，気象災害は予測しやすくなってきており，台風等の規模・経路・到達時刻などは予想しやすいように考えられます。それにも関わらず，台風による大きな被害が繰り返されています。

本書でも何度か紹介してきた令和元年の二つの台風は，記憶に新しいことと思います。さらにその前年，西日本豪雨と呼ばれる災害に影響を与えた台風もありました。いずれも避難勧告・避難指示等が発令されていたにもかかわらず，避難が遅れ命を失った人が多くいました。このことから，発生の可能性がある自然災害を，「自分事」として捉えることの難しさが浮き彫りになりました。

2 天災か人災か；自然災害をめぐる訴訟から

（1）災害の責任と原因

　大きな自然災害が発生し犠牲者が生じた場合，その責任の所在をめぐって裁判になることは珍しくありません。近年では，災害が予測ができたかどうか，災害を未然に防ぐことができたかが争点になることが一般的です。

　学校は，児童生徒の安全を確保する法的義務「安全配慮義務・安全保持義務」を負うことになっています。そのため，損害が生じた結果については，予見可能性があり，その結果を回避する可能性が存在していたにも関わらずこれを防止することを怠った場合，「過失」とみなされ責任が問われます。SDGs4.aにも「子ども，障害及びジェンダーに配慮した教育施設を構築・改良し，すべての人々に安全で非暴力的，包摂的，効果的な学習環境を提供できるようにする。」とあります。これは，自然災害発生時においても子供たちが安全な環境にいられるようにすることを示した内容と考えられます。

　訴訟では，災害の原因が科学的な根拠によって明確になっていくことに焦点が置かれます。それは自然現象がなぜ，自然災害となったかというプロセスを明らかにする必要があるからです。前述の雪崩事故の例でも，災害発生時の検証委員会では責任者を探し，責任を問うことが目的でなかったことに触れました。どうすればその災害を防ぐことができたか，そして今後は防げるかということこそ，防災・減災にとって大切なことです。過去に発生した自然災害を将来につなげる教訓とするために，いくつか事例を取り上げていきたいと思います。

❶ 石巻市立大川小学校の訴訟

　前章でも触れましたが，東日本大震災で学校単位として最大の犠牲者を出したのが，宮城県石巻市立大川小学校です。児童74名，教員10名の尊い命が失われました。津波は予測できたのか，学校の避難方法は適切だったのか，なぜ子供たちの命を救えなかったのかが最高裁まで争われました。

127

まず，地震が起こってからの学校の対応について，裁判で明らかになった事実から見ていきましょう。

　大川小学校の位置は**図3-6**に示した通りです。海からは4.5kmほど離れた場所にありました。地震が発生した時，教員は児童たちにまず机の下に潜ることを指示しました。そして，揺れが落ち着いた後，彼らを運動場に集合させています。

　約50分間，児童たちは校庭に待機したままでした。まだ寒かった時期の校庭で，学校は何をしようとしていたのかは不明です。一部の保護者は子供の引き渡しを求めてやってきました。学校に避難してきた人もいた中で，学校は対応を決めかねていたと言えるでしょう。この時，学校長が不

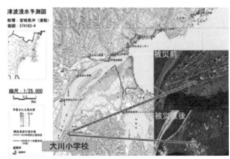

図3-6　大川小学校の位置

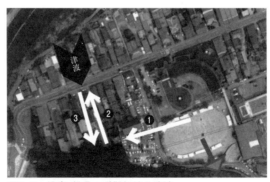

図3-7　児童・教員の避難経路と津波

在で，近所の人が様々な意見を教頭に述べていたことが，生存者の証言から明らかになっています。

　石巻市河北総合支所の広報車が「松林を津波が抜けてきたのですぐ高台へ避難するように」と津波が遡上していることを告げ，至急移動することを求めました。それを聞いてようやく学校は，2年生を先頭に避難し始めます（図3-7）。しかし，避難途中に前から津波が押し寄せ，急峻な斜面へ追い立てられるような状況になり，多くの児童，教員が津波に飲まれ犠牲になりました。

　安全なはずの学校でなぜ，自分の子供たちが犠牲になったのか，子供たちの最期の状況はどうだったのかを明らかにしたい保護者は，学校を訴えました。この裁判に関しては多くの文献がありますので，そちらを参照してもらえればと思います。

　第一審の判決では，広報車が危険を知らせてから津波が到達するまで，7分あったにも関わらず，不適切な避難方法であったとして，学校の避難の方法に責任があったとしました。

　しかし，市や県が控訴したため，判決は高裁に持ち越されました。高裁では，地震や津波で堤防が壊れた事例は東日本大震災前にも複数あり，広く知られていたことを踏まえ，宮城県沖地震が起きた場合，近くの北上川堤防が揺れで沈下したり，遡上津波で壊れたりする危険があったと指摘しました。

　また，想定される津波浸水区域等などがハザードマップ（宮城県総務部危機対策課が作成，図3-6）などに記されていなかったにしても，ハザードマップが間違っている場合や，必ずしも完全でないことも記されていると判断されました。

　さらに高裁は「校長らに必要とされる知識や経験は住民の平均よりはるかに高いレベルでなければならない」とし，「詳細に検討すれば，大川小が津波浸水予想区域外だとしても，津波の危険を予見することは十分できた」と結論付けました。そのため，校長らには宮城県沖地震に備える安全上の義務があったのに，避難場所さえ決めていなかったことを学校の過失と認定しました。

この判決から，想定外の自然現象や災害はなく，常に最悪を予想して備えておかなければならないという，学校側の事前の対応の重要性が明確になりました。

❷ 東松島市野蒜小学校の訴訟

ほかにも小学校での東日本大震災における対応で，最高裁まで争われた訴訟があります。宮城県東松島市での野蒜小学校での悲劇です。

地震発生後，多くの子供たちは同学校の体育館に避難しました。何人かの児童は保護者や同級生の親に引き渡され，下校しました。そのうちの女児1人は，友人の保護者に引き渡された後，海側の自宅周辺で津波にのまれて死亡してしまいました。

地域の住民も，避難場所に指定されていた同小学校体育館に避難しました。この体育館に約3.5メートルの津波が押し寄せ，避難していた女性2人が体育館内で溺死しました。**図3-8**はその体育館です。

図3-8　野蒜小学校体育館（宮城県東日本大震災文庫／
東日本大震災アーカイブ宮城提供）

亡くなった女児と女性に関する判決は，異なった判断がなされました。裁判長は，まず校長の指示で引き渡された女児について，「安全が確認されない限り，児童を引き渡すべきではなかった」とし，「学校から自宅までの帰路で市の津波浸水予測地域を必ず通過しなくてはならず，女児に危険が

及ぶことは具体的に予見できた」と指摘しています。二審仙台高裁判決で
も「事前に登録した保護者が引き取りに来るまで，学校での保護を継続す
べき義務があった」として過失を認め，一審判決を支持しています。結
局，翌年の最高裁でも学校側の過失を認め市の上告を退ける決定がされ，
二審の仙台高裁判決が確定しました。

　一方で，亡くなった住民2人の遺族が学校設置者である市に損害賠償を
求めた訴訟は，「体育館は当時最大級の地震を想定した津波浸水予測地域の
外にあり，学校側は津波の到達を予見できなかった」と判断され，請求は
棄却されました。

❸ 石巻市日和幼稚園の訴訟

　幼稚園でも設置者に対しての訴訟がありました。宮城県石巻市の私立
「日和幼稚園」の送迎マイクロバスが津波に巻き込まれ，4〜6歳の園児5
人が犠牲になったからです。このうち4人の園児の保護者が，津波警報が
出ていたのに海沿いにバスを走らせるなど園の対応に問題があったとし
て，幼稚園を運営する学校法人と当時の園長を相手取り，慰謝料などを求
める損害賠償訴訟を仙台地裁に起こしました。

　まず，地裁判決では，幼稚園として安全配慮の義務を欠いており，地震・
津波を想定したマニュアルが不十分であったこと，日常からの避難訓練が
不徹底であったことが指摘されました。地震発生後も情報収集が不十分で
あり，結果的に幼稚園側の責任とされました。幼稚園側は控訴しました
が，結局，仙台高裁で和解が成立しました。そこでは，防災体制が不十分
だったとして幼稚園側が法的責任を認めて遺族に謝罪し，遺族に賠償金を
支払うことになりました。高裁が和解勧告の理由として，和解条項に「園
児らの犠牲が教訓として記憶にとどめられ，後世の防災対策に生かされる
ようにする」を付記しています。高裁自らが和解条項に意見を付すと言う
異例のことからも，この事故を普遍的に捉えようとする姿勢が見られます。

❹ 東日本大震災の教訓

　津波に関する訴訟では，学校はどのように対応すべきであったのかが問
われました。河川を遡上する津波は，第1章で示したようにしばしば発生
してきました。東北地方の太平洋側だけでなく，宝永地震や安政南海地震

の時は大阪の多くの河川で大きな被害が出たことは，江戸時代の記録から明らかになっています（p.172参照）。

東日本大震災では，津波の遡上によって海沿いの小学校だけでなく，河川沿いの小学校でも多くの被害が発生しました。河川近くや軟弱な地盤に立地するなど，地形条件の悪い学校は全国的にも非常に多く，豪雨災害などでも被害は繰り返されてきました。近年は，学校など公共の施設が避難所となることがありますが，せっかく地域の人が避難しても，再び移動しなくてはならないことも生じます。

これまで，学校では避難場所として体育館を用意していましたが，今後は3階，4階などの一般教室も準備しておく必要があるでしょう。また，日本の学校ではエレベーターの設置は考えられることが少なかったのですが，あらゆる人々に対応できる開かれた社会という観点からも，設置の検討はされるべきでしょう。

当然ながら災害時においては，学校や教育機関の対応だけでは限界があります。近い将来に想定される南海トラフ巨大地震なども，学校だけでなく，社会全体で河川遡上津波の恐ろしさを共有することが重要だといえるでしょう。

❺ 落雷の被害による責任

1996（平成8）年8月，大阪府高槻市でのサッカー試合中に落雷事故があり，高校生が重度の障害を負うことになりました。地裁，高裁，最高裁と三審まで争われ，最高裁では一審，二審の逆転判決となりました。判決では，「落雷発生を予見することは可能で，サッカー部の引率教諭や市体育協会，大会の会場担当者らは注意義務を怠った過失がある」として，原告敗訴の1審判決を変更しました。この判決では「教諭や会場担当者らは生徒の安全にかかわる事故の危険性を予見し，防止する措置をとる注意義務を負う」と指摘しています。その上で，試合開始前に雷鳴が聞こえ，雲間の放電も目撃されていたことなどから，「雷鳴が大きな音でなかったとしても，教諭らは落雷の危険を具体的に予見できた」とされました。それまでは，雷鳴があっても多少の雨ならば競技や試合が続けられることも多かったのですが，この判決以降，学校現場では運動会や体育祭，部活動などは

雷が鳴ればすぐに活動を停止し，避難することになっています。

　雷による災害は予見できたとされたことが，大きな転機となったと言って良いでしょう。

　なお，犠牲者が大人の場合と子供の場合とで異なる司法判断がされる場合もあります。例えば，2012年，大阪市の長居公園で行われた野外コンサートで，参加者が雷に打たれる事故がありました。犠牲者は成人であったため，主催者の責任は問われていません。

（2）高度経済成長期の水害に関する訴訟

　国内における水害訴訟は，高度成長期に多く見られます。その中で代表的なものをここで紹介します。

　日本で最初に，水害について行政の責任が問われたのは，羽越水害後の加治川訴訟でした。羽越水害とは，1967（昭和42）年8月26日から8月29日にかけて発生した集中豪雨による大きな被害のことです。被害は主に山形県と新潟県下越地方を中心に発生しました。死者104名（数字は各種報告によって異なっています）を出す大きな被害をもたらし，激甚災害に指定されました。

　加治川では，前年の昭和41年の洪水で破堤したため，応急的に仮堤防が築造されていましたが，豪雨により当該仮堤防と一部復旧していた本堤防が破堤しました。これにより被害を受けた住民が，国家賠償法二条により損害賠償を求めました。仮堤防については，地裁・高裁ともに国の管理瑕疵を否定しました。そのため最高裁まで争われましたが，結果は同じでした。実はこの頃，全国各地で水害訴訟が生じ，当初は住民側の勝訴が続いていましたが，大阪府の大東水害訴訟の差し戻し判決で流れが大きく変わりました。この最高裁判決以来，日本では住民側が水害で行政を訴えたとしても，その責任は問えなくなりました。行政の瑕疵を明確にすることの難しさが示されたと言えます。

　しかし，羽越水害のような悲劇が起きないように，大規模な治水施策が検討されるようになりました。その一つが**図3-9**のような加治川治水ダムです。治水を目的とした巨大なダムで，平常は治水緑地公園であり，ダム

の内側は公園となっています。

　また，加治川では住民と行政とが対決姿勢をとるのではなく，子供たちの環境教育を通して，地域の河川整備の在り方を共に考えるようになっています（**図3-10**）。これは，環境保全の観点から地域に働きかけ，継続的に活動に取り組んできたNPOの役割が大きかったと考えられます。

　SDGs6.6に「2020年までに，山地，森林，湿地，河川，帯水層，湖沼などの水に関連する生態系の保護・回復を行う。」とあるように，流域全体で問題を捉えていく必要があります。

図3-9　加治川治水ダム

図3-10　加治川での環境教育の取り組み

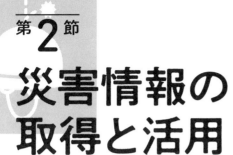

第2節 災害情報の取得と活用

1 気象情報・災害情報

（1）注意報・警報・特別警報の発表

　気象災害から身を守るためには，正しい情報の入手が何より重要です。ラジオやテレビ等，報道機関はすぐに災害情報を発信するようになっています。自然災害の発生につながりそうな気象状況についての情報収集は不可欠です。スマホ等でも緊急情報を受けやすくなっていますので，気象庁や各地域の気象台からの情報は留意しておきましょう。

　そのためには，気象情報について日頃から理解しておくことが必要です。

　気象庁から発表される注意報や警報の種類を簡単にまとめると以下のようになります。

❶ 注意報

　注意報とは，気象庁が災害の発生するおそれのある時に注意を呼びかけて行う予報です。気象庁では**表3-3**に示した16種類の注意報を発表しています。

表3-3　注意報の種類

注意報 （16種類）	大雨，洪水，強風，風雪，大雪，波浪，高潮，雷，融雪，濃霧，乾燥，なだれ，低温，霜，着氷，着雪
早期注意情報（警報級の可能性）	大雨，暴風（暴風雪），大雪，波浪

❷ 警報

　注意報の次に危険な段階になると，警報が発表されます。注意報が警報

に変わる場合もあります。警報とは，重大な災害が発生するおそれのある時に警戒を呼びかけて行う予報です。気象庁では**表3-4**のように7種類の警報を発表しています。

しかし，「雷注意報」や「雪崩注意報」のように注意報だけが設定され，「雷警報」や「雪崩警報」など，それ以上の警報の設定がない場合もあります。これは発生直前の予想が難しいこととも関係しています。

また，大雨警報（土砂災害）が発表されている状況で，命に危険を及ぼす土砂災害がいつ発生してもおかしくない状況となった時に，市町村長の避難指示や住民の自主避難の判断を支援するよう，対象となる市町村を特定して警戒を呼びかける情報のことを「土砂災害警戒情報」と呼びます。これは都道府県と気象庁が共同で発表しています。

表3-4　警報の種類

種類	内容
大雨	大雨による重大な土砂災害や浸水害が発生するおそれがあると予想した時に発表される。特に警戒すべき事項を明示して「大雨警報（土砂災害）」「大雨警報（浸水害）」または「大雨警報（土砂災害，浸水害）」のように発表される。
洪水	河川の上流域での大雨や融雪によって下流で生じる増水や氾濫により重大な洪水災害が発生するおそれがあると予想した時に発表される。重大な洪水災害として，河川の増水・氾濫及び堤防の損傷・決壊，これらによる重大な浸水害があげられる。
大雪	降雪や積雪による住家等の被害や交通障害など，大雪により重大な災害が発生するおそれがあると予想した時に発表される。
暴風	暴風により重大な災害が発生するおそれがあると予想した時に発表される。
暴風雪	雪を伴う暴風により重大な災害が発生するおそれがあると予想した時に発表される。暴風及び暴風で雪が舞って視界が遮られることによる重大な災害のおそれについても警戒を呼びかけられる。また，大雪により重大な災害が発生するおそれがあると予想した時には大雪警報が発表される。
波浪	高波による遭難や沿岸施設の被害など，重大な災害が発生するおそれがあると予想した時に発表される。
高潮	台風や低気圧等による異常な潮位上昇により重大な災害が発生するおそれがあると予想した時に発表される。

❸ 特別警報

2013 (平成25) 年8月から,「警報」以上の警戒が必要な「特別警報」の運用が開始されました。警報の発表基準をはるかに超える大雨等が予想され,重大な災害が発生するおそれが著しく高まっている場合,気象庁は特別警報を発表し,ただちに命を守る行動を取るような最大級の警戒を呼びかけます。

表3-5のように特別警報は6種類あります。東日本大震災発生時にも「津波警報」が発表されましたが,この時の教訓をもとに,地域住民の対応を急がせるためにより緊急性の高い,警報以上の「津波特別警報」が検討されました (p.139)。

特別警報は,数十年に1度の災害で発表されると言われましたが,運用開始わずか3週間で,京都・滋賀・福井に発表されました。それどころか,表3-6のように毎年発表されています。「数十年に一度」とは,「その地域では数十年に一度」の割合を意味していますが,日本全国どこかで毎年そのレベルの現象が生じるため,毎年発表されるのです。しかも同じ場所で引き続き発生することもありますので,数十年に1度の意味を取り違えないことが大切です。

表3-5　特別警報の種類

種類	基準	
大雨	台風や集中豪雨により数十年に一度の降雨量となる大雨が予想される場合	
暴風	数十年に一度の強度の台風や同程度の温帯低気圧により	暴風が吹くと予想される場合
高潮		高潮になると予想される場合
波浪		高波になると予想される場合
暴風雪	数十年に一度の強度の台風と同程度の温帯低気圧により雪を伴う暴風が吹くと予想される場合	
大雪	数十年に一度の降雪量となる大雪が予想される場合	

令和に入ってからも台風19号によって，東日本を中心に複数の県で大雨特別警報が発表されました。現在時点（2020年8月）までに，令和で発表された特別警報を**表3-7**に示します。こうした実態からも，毎年日本のどこかで特別警報が発表されることが懸念されます。

表3-6　平成で発表された特別警報

発表年月	自然現象名	種類	対象地域
平成25年9月	台風第18号	大雨	京都府，滋賀県，福井県
平成26年7月	台風第8号	暴風，波浪 高潮，大雨	沖縄県
平成26年8月	台風第11号	大雨	三重県
平成26年9月	（低気圧）	大雨	北海道（石狩，空知，後志地方）
平成27年9月	台風第18号〜（低気圧）	大雨	栃木県，茨城県
平成27年9月	台風第17号	大雨	宮城県
平成27年10月	口永良部島の噴火	噴火	（鹿児島県）
平成28年4月	熊本地震	地震	熊本県
平成28年10月	台風第18号	暴風，波浪 大雨，高潮	沖縄県
平成29年7月	梅雨前線	大雨	島根県
平成29年7月	梅雨前線	大雨	福岡県，大分県
平成30年7月	梅雨前線	大雨	福岡県，佐賀県，長崎県，広島県，岡山県，鳥取県，兵庫県，京都府，岐阜県，愛媛県，高知県

表3-7　令和で発表された特別警報

発表年月	自然現象名	種類	対象地域
令和元年7月	台風第5号	大雨	長崎
令和元年8月	秋雨前線	大雨	佐賀県，福岡県，長崎県
令和元年10月	台風第19号	大雨	静岡県，神奈川県，東京都，埼玉県，群馬県，山梨県，長野県
令和元年東日本台風			
令和元年10月	台風第19号	大雨	茨城県，栃木県，新潟県，福島県，宮城県
令和元年10月	台風第19号	大雨	岩手県
令和2年7月豪雨			
令和2年7月	梅雨前線	大雨	鹿児島県，熊本県
令和2年7月	梅雨前線	大雨	福岡県，佐賀県，長崎県
令和2年7月	梅雨前線	大雨	岐阜県，長野県

気象等に関する特別警報は，雨を要因とするもの（大雨），台風等を要因とするもの（暴風・高潮・波浪・暴風雪），雪を要因とするもの（大雪）に大別されます。「台風等を要因とする特別警報」は，中心気圧930hPa以下または最大風速50m/s以上の台風等が日本付近に接近・上陸すると予想された際に発表されます。なお，沖縄，奄美，小笠原については，発生する頻度が高いために中心気圧910hPa以下または最大風速60m/s以上と，基準が厳しくなっています。

　2020年9月に発生した台風では，「台風等を要因とする特別警報」が出されるかもしれないという報道がありましたが，結局発表されませんでした。この特別警報は，何度も強い台風が襲ってきた沖縄と，本州とでは発表基準が異なります。

　これまで発表された特別警報では，大雨特別警報が最も多くなっています。巨大な台風が日本列島を縦断したり，梅雨前線が長く伸び南から湿った空気が次々と供給されたりすると，多くの府県をまたいで，大雨特別警報が発表されます。2020年7月からは，「大雨特別警報（土砂災害）」という新たな発表指標の運用も開始されました。

　また，都道府県別にみると，台風が直撃する機会の多い沖縄で特別警報が最も多く発表されていますが，一つの特別警報（例えば暴風特別警報）が解除されたと思ったら次の特別警報（例えば，大雨特別警報，高潮特別警報など）が連続して発表されたような県もありました。

❹ 地震，津波，火山噴火などの特別警報

　気象に関する特別警報とは異なり，津波，火山噴火，地震については，危険度が非常に高いレベルのものが特別警報に位置付けられています。

　津波については「大津波警報」，火山噴火については「噴火警報（居住地域）」，地震については「緊急地震速報」（震度6弱以上を予想したもの）が，特別警報となっています（**表3-8**）。

　これらの特別警報は，名称に「特別警報」は用いず，従来どおりの名称で発表します。気象庁によると，大津波警報が発表された時は，津波に関する特別警報が発表されたと捉える必要があります。

表3-8　地震・津波・火山の特別警報

種類	基準
津波	高いところで3メートルを超える津波が予想される場合 （大津波警報を特別警報に位置付ける）
火山噴火	居住地域に重大な被害を及ぼす噴火が予想される場合 （噴火警報（居住地域）を特別警報に位置付ける）
地震 （地震動）	震度6弱以上の大きさの地震動が予想される場合 （緊急地震速報（震度6弱以上）を特別警報に位置付ける）

　2017年熊本地震の後には，地震特別警報が発表されました。地震で特別警報が発表されることに違和感を持たれた方も多いでしょう。一般的には大きな地震（本震）の後には，小さな地震（余震）が続くとされます。しかし，この地震では震度7の本震と思われた地震の26時間後に，震度6強という大きな地震が発生しました。本震と思われたのが前震であり，余震だと考えられたのが本震であったと推測されました。そのため，これ以降，前震，本震，余震の表現は使われることが少なくなりました。気象庁は，「1週間以内に大きな地震が起こる可能性があります。用心してください。」というアナウンスをするようになっています。

❺ 特別警報の中でも複雑な扱い

　火山噴火は，ほかの様々な特別警報の中でも少し様子が違います。かつては「緊急火山情報」などの情報を発表していただけでしたが，防災上の必要性から2007年に法律が改正され，噴火警報となり「警報」としての扱いとなりました。火山噴火での「特別警報」に相当する場合は，**表3-9**のようになります。これまでに火山噴火の特別警報（噴火警報レベル5）が発表されたのは，2015年5月の口永良部島における火山の噴火一度だけです。

　気候や気象に関連した各国の対応については，SDGs13.1において「すべての国々において，気候関連災害や自然災害に対する強靭性（レジリエンス）及び適応の能力を強化する。」と明確に示されていますが，述べてきた通り日本ではすでにかなりの整備と取り組みが見られます。

表3-9　火山噴火の特別警報　　　　　　　　　　　　　　＊海底火山を除く

種別	名称	対象範囲	レベル（キーワード）	火山活動の状況
特別警報	噴火警報（居住地域）または噴火警報	居住地域及びそれより火口側	レベル5（避難）	居住地域に重大な被害を及ぼす噴火が発生、あるいは切迫している状態と予想される。
			レベル4（避難準備）	居住地域に重大な被害を及ぼす噴火が発生する可能性が高まってきていると予想される。
警報	噴火警報（火口周辺）または火口周辺警報	火口から居住地域近くまでの広い範囲の火口周辺	レベル3（入山規制）	居住地域の近くまで重大な影響を及ぼす（この範囲に入った場合には生命に危険が及ぶ）噴火が発生、あるいは発生すると予想される。
		火口から少し離れた所までの火口周辺	レベル2（火口周辺規制）	火口周辺に影響を及ぼす（この範囲に入った場合には生命に危険が及ぶ）噴火が発生、あるいは発生すると予想される。
予報	噴火予報	火口内等	レベル1（活火山であることに留意）	火山活動は静穏。火山活動の状態によって、火口内で火山灰の噴出等が見られる（この範囲に入った場合には生命の危険が及ぶ）。

COLUMN: **連続して発生した熊本地震**

　特別警報の中でも、地震に関するものが発表されたのは2016年4月に発生した熊本地震のみです。雷と同様、地震の予測は難しいためです。しかし、この時は1回目のほぼ24時間後に再び大規模な地震が発生しました。14日の地震は日奈久断層帯の北端部の活動、16日未明の地震は布田川断層帯の活動によるもので、隣接する二つの断層帯が連動することで発生した連動型地震と考え

られています。つまり、二つの大きな活断層があり、後者の断層が前者の断層の動きに刺激されたと言えるかもしれません。

(2) 避難指示の発令

　注意報や警報は気象庁が発表するのに対して，避難指示は市町村が発令します。災害時における住民への避難の呼びかけには，「高齢者等避難」「避難指示」「緊急安全確保」の3種類があります。危険度や切迫性は，高齢者等避難，避難指示，緊急安全確保の順に高くなります。2019年6月5日からは，**表3-10**のように警戒レベルを付記することとなりました。

　これらの発令の呼び方は何度か変わっています。まず，2016年の台風10号によって変更されました。岩手県岩泉町の水害発生時に，老人ホームの高齢者が逃げ遅れ，9名の犠牲者が出たことで，高齢者等にとって早目の避難が必要ということがわかり，内閣府は同年12月に，避難情報の名称をそれまでの「避難準備情報」「避難勧告」「避難指示」から「避難準備・高齢者等避難開始」「避難勧告」「避難指示（緊急）」と変更しました。しかし，「避難勧告」「避難指示」の区別がつきにくいといった意見が多かったため，2021年に勧告と指示が1本化されることになり，同年5月20日から，前述のように「高齢者等避難」「避難指示」「緊急安全確保」という名称にして運用されています。

　こうした警報や避難指示が出た際，どう対応すればよいか戸惑う人たちもいます。そこで気象庁では，大雨に備えて発令ごとに取るべき行動を整理しています（表3-10）。住民がどのような状況で，どう行動を取るかを考えやすくなったといえます。

表3-10 警戒レベル

レベル	気象庁からの情報	危険度分布と色	自治体からの指示	住民が取るべき行動
5	・大雨特別警報*1 ・氾濫発生情報	―	緊急安全確保	災害がすでに発生しており、命を守るための最善の行動を取る。
4	・土砂災害警戒情報 ・氾濫危険情報 ・高潮特別警報 ・高潮警報*2	「極めて危険」 (紫) 「非常に危険」 (うす紫)	避難指示	全員速やかに避難。
3	・大雨警報（土砂災害）*3 ・洪水警報 ・氾濫警戒情報*4 ・高潮注意報	「警戒」 (赤)	高齢者等避難	高齢者や体の不自由な人などは速やかに避難。
2	・大雨注意報 ・洪水注意報 ・高潮注意報*5	「注意」 (黄)	―	ハザードマップ等により、避難行動を確認。
1	・早期注意情報 （警報級の可能性）*6	―	―	災害への心構えを高める。

これまでに経験したことのないような降水量の大雨が見込まれる際の大雨特別警報を指します。

*1 暴風警報が発表されている際の高潮警報に切り替える可能性が高い注意報は、避難が必要とされる警戒レベル4に相当します。
*2 夜間〜翌日早朝に大雨警報（土砂災害）に切り替える可能性が高い注意報は、高齢者等の避難が必要とされる警戒レベル3に相当します。
*3 警報に切り替える可能性が高い旨に言及されているもの
*4 警報に切り替える可能性に言及されていないもの
*5 大雨に関して、明日までの期間に［高］又は［中］が予想されている場合。
*6

143

2 危機への対応と教育の重要性

　ここで，住民が災害に遭わないために国はどのように対応することになっているのか，整理してみます。広島土砂災害が発生した2014年は，全国的な土砂災害の犠牲者が100名を超える状況でした。これを受けて内閣府中央防災会議では，総合的な土砂災害対策検討ワーキンググループを招集し，翌2015（平成27）年6月に報告をとりまとめました。

　報告内容は地域の防災を考える上で重要なため，特に次の3点を紹介します。

　1点目は，土砂災害の特徴と地域の災害リスクの把握・共有です。具体的には，土砂災害の特徴の共有，地域における土砂災害リスク情報の把握・共有，リスク情報の活用などが挙げられます。災害リスクは気象庁の観測データなどで，リアルタイムでわかるようになってきました。科学技術の発展のたまものと言えるでしょう。

　2点目は，住民等への防災情報の伝達があります。具体的には，避難準備情報の活用，適切な時期・範囲の避難指示等の発令，避難指示等の情報の伝達方法の改善などが挙げられます。行政は，避難指示などを速く出せるようになってきており，これは社会制度・システムの発達と言えるでしょう。

　3点目は，住民等による適時適切な避難行動です。具体的には，指定緊急避難場所の確認等，指定緊急避難場所の迅速かつ確実な開設，自発的な避難を促すための仕組みづくり，防災教育の充実，人材の育成，自主防災組織の重要性などが挙げられます。

　結局，いくら科学技術が発展し，社会制度が整備されても，命を守るためには最後は国民一人ひとりの意識や行動にかかっています。このことを考えれば，防災教育の在り方が重要なことは言うまでもないでしょう。

　これらの視点は，内閣府「レジリエントな防災・減災機能の強化リアルタイムな災害情報の共有と利活用」でも記されています。紹介すると，基本的には上記3点と同じです。

①**最新科学技術**：最新科学技術を最大限に活用して，「予防力の向上」と「対応力の強化」を実現する。
②**災害情報共有**：官民あげて災害情報をリアルタイムで共有する仕組みを作る。
③**社会科学・国民参加**：社会と国民の防災リテラシーの向上による，的確な災害時対応を図る。

　こうした視点はSDGsゴール13「気候変動及びその影響を軽減するための緊急対策を講じる」と大きく関連します。これまでも紹介してきましたが，特にSDGs13.1「すべての国々において，気候関連災害や自然災害に対する強靭性（レジリエンス）及び適応力を強化する。」，SDGs13.2「気候変動対策を国別の政策，戦略及び計画に盛り込む。」，SDGs13.3「気候変動の緩和，適応，影響軽減及び早期警戒に関する教育，啓発，人的能力及び制度機能を改善する。」といったゴールの，日本における具体的成果と言えるのではないでしょうか。

　図3-11は，滋賀県と三重県の県境にある御在所山に設置された，国土交通省の雨量観測レーダーです。回転アンテナから発射された電波は雨に当たって反射波となり，それをもとに雨量を測定し，豪雨・台風時に重要な役割を果たします。大阪府や愛知県までの広い範囲に対応できます。

図3-11　気象観測装置

身を守るための
日常の備え

1 家庭で生きる学校での避難訓練

　学校では様々な避難訓練が行われますが，子供だけが自宅にいる時や，周りに大人がいない時でも対応できるトレーニングをしておく必要があります。なぜなら，子供たちは学校にいる時間よりも，学校外，特に家庭にいる時間が最も長いからです。

　学校では先生の指示に従えばよいのですが，家庭ではどうやって自分や家族を守るのか，その方法を家族と日常から話し合っておく必要があります。東日本大震災では「津波てんでんこ」という言葉が注目されました。災害発生時に保護者と子供が別の場所にいた時，それぞれが避難して，まずは自分の身を守る対応をすればよいという意味であり，お互い相手のことを心配し，探したり連絡を取ろうとしたりして，時間を費やしてしまうことを避けるための言葉です。そのためには，災害が発生した場合はまずどこに避難するか，家族で決めておくことが大切です。

　携帯やスマホの普及で，意外と家族や身近な人の電話番号を覚えていないことがあります（これは大人でも一緒です）。自分の携帯やスマホなどが使えなかった時にどうするかも考えておくとよいでしょう。

(1) 避難訓練・マニュアル作成

　図3-12は学校での避難訓練の様子です。最近では，形式通りに行われたり，教員の指導の下で実施されたりするのではなく，子供たちだけでどのように避難するのか，自分で判断するような方法も取り入れられています。また，かつては，火災が発生した時を仮定した避難訓練が多かったのですが，近年では，緊急地震速報が用いられたり，突風，竜巻などを想定したりした避難訓練も多くなっています。

図3-12　避難訓練の様子（左：「おかしも」を守る　右：机の脚をしっかり持つ）

　保護者が加わって訓練が実施される時は，児童生徒の引き渡し訓練も行われることがあります。東日本大震災以降，全国的に実施されるようになりました。あらかじめ引き渡しカードが作成され，保護者の誰が迎えに来るかが決められています。引き渡しの場所は，児童生徒の所属する教室内であったり，体育館・グラウンドなどであったりと，様々な場所で状況を想定しながらの取り組みが見られます。保護者によっては，子供のクラスは知っていてもクラス担任の顔を知らない場合もあります。そうした場合に備えて，ゼッケンなどでクラスがわかる工夫をしている学校も見られます（図3-13）。

図3-13　学校での引き渡し訓練

家庭によっては，複数の学校に児童生徒が在籍している場合もあります。そのため，午前9時に小学校で，午前10時に中学校で，といったように小中学校が連携し，時間差を設定して引き渡し訓練が行われる場合もあります。

(2) ハザードマップの活用
　広域のハザードマップは行政によって作られたものがほとんどですが，それが本当に正しいかどうか，自分たちで確認することも必要です。学校区ごとに作られたマップも見受けられますが，中には子供たちが作ったものを対象としたコンクールが開催される場合もあります（**図3-14**）。この場合は，子供たちが地域を歩き，危険な場所を考えたり話し合ったりして作成します。作成したハザードマップを基に，地域での活動に生かしますが，作成のプロセスも大切です。

図3-14　子供たちが作ったハザードマップ例

2 応急手当とAEDの必要性

　心肺蘇生法やAED（自動体外式除細動器）を用いた応急手当は，中学校・高等学校の保健体育で学びます。東日本大震災においても，津波が引いた後，避難中の中学生が溺れて倒れていた人を助けた事例があります。心得があるかないかだけでも対応が異なってくるといえるでしょう。

　よく，医師でもない自分が心肺蘇生法を施して救えなかった時，後に自分の責任が問われるのでは，と躊躇う人もいますが，基本的には法的に責められることはありませんので，そばにいる人（バイスタンダー）が一刻も早く対応することが必要です。

　埼玉県には「あすかモデル」と言う応急手当のマニュアルがあります。これは埼玉県の小学校で，マラソン大会中に倒れた女児が亡くなったことを教訓としています。救急車が来る前にAEDを用いていたら助かっていたかもしれないことが大きな反省材料となっているのです。この事故後，県内の教職員は応急手当はもちろん，体育大会などの事前打ち合わせを念入りにするようになりました。

　近年普及しているAEDは，音声の指示通りにすればよいのですが，トレーニングを一度でもしておいた場合とそうでない場合とで，実際の時の対応に差が出てくるのは，どの救急法でも同じです（**図3-15**）。

　学校や公共施設のどこにAEDがあるのか，教職員だけでなく子供たちも知っておく必要があります。非常口を確認することはあってもAEDの位置を見落とすことが意外とあるので気をつけましょう。

図3-15　AEDのトレーニング

3 日常の整理・整頓

(1) デスクワークと火災の対策

　意外かもしれませんが，災害に対する日常の基本的な対応で重要となるのは，「整理・整頓」です。どこに何があるのか，すぐに取り出せるようにしておくことがいざという時に役に立ちます。火災が発生した場合，雑然としている部屋は火の回りが早いことも知られています。**図3-16**は東日本大震災が発生した直後の職員室の様子です。写真を見てわかるように，特に書類の多いデスクワークをする人は注意が必要です。

図3-16　東日本大震災の後の職員室の様子（宮城県東日本震災文庫提供）

(2) 「落ちてこない・倒れてこない・移動してこない」

　地震が発生した時，（物品が）落ちてこない，倒れてこない，移動して来ない場所への避難は鉄則です。実際，震度6弱と5強の地震が発生した場合は，**図3-17**のような状況となってしまうのです。

図3-17　震度6弱と5強の地震後（上：震度6弱・棚の固定なし。下：震度5強・棚の固定あり。ただし中のものが飛び出している）

留め具などで固定されていないと，本棚等の転倒が生じます（図3-17
上）。大阪府北部地震の時も本棚の転倒で高齢者が犠牲となっています。と
ころが固定されていたとしても，中のものが飛び出してくるおそれがあり
ます（図3-17下）。

　学校では図書室も危険です。現在では本棚が固定されるなど，本棚が転
倒する可能性は減少してきました。しかし，**図3-18**のように棚の中の本
が散乱することはあります。阪神淡路大震災の時は，自宅で朝早くから業
務を行っていた人が，本棚から飛び出してきた広辞苑級の厚さの本が胸に
あたり，肋骨にひびが入るけがをしました。かつてはハードカバー装丁の
本は重厚感があり，執筆者に好まれていましたが，現在では価格の面だけ
でなく安全面からもソフトカバーが主流です。ちなみに筆者はいつもソフ
トカバーです（笑）。

　また，小学校では，東日本大震災時に多くの本が棚から飛び出たことを
踏まえて，本棚の各段にロープを張っているところも見受けられます。

図3-18　図書室の危険性（朝日新聞社提供）

4 日常の事故防止が災害時に活きる

　自然災害発生時に死亡者までは出なくても，重傷者・軽傷者が生じることは多々あります。地震や暴風など自然災害が発生した時に最も多いのが，高齢者の転倒や転落です。

　一方，子供たちの状況を見てみますと，例えば2016年鳥取県中部地震では，校庭に避難しようとしていた男児が転倒し，亀裂骨折しました。また，地震の揺れに慌てて机の下に潜って目の上を切ったり，たんこぶをつくったりしてけがをした子供もいましたが，それらはすべて男児です。

　第1章でも触れましたが（p.39），日常でもけがをするのは男児が多いのです。つまり，日々の事故を減らすことが災害時の事故の防止につながると言えるでしょう。事故を減らすには，些細な生活習慣，態度の改善が必要です。例えば，**図3-19**は避難訓練前の教室で，担任の先生の説明を児童が聞いているところです。写真の男児のような姿勢は，地震があった時に何かのはずみで転倒するかもしれず，安全な状況とは言えません。昨今，学校の先生方は授業中の子供の姿勢や鉛筆の持ち方まで指導することは減ってきましたが，配慮は重要です。

図3-19　配慮したい授業中の姿勢

153

日常での様々な危険予測や適切な対応が，防災・減災につながる可能性を持っています。緊急時には迅速に判断し，行動を取らなくてはならないことが多々生じます。対応しなくてはならないことの優先順位を的確に判断する能力を，防災・減災能力の一つとして養っておく必要もあるでしょう。

　今日，民間企業や一般行政はもちろんのこと，教育関係者も日々重要な複数の業務に追われています。その中で，何を最初にすべきか，どの順番で行うべきかを常に意識して行動する姿勢が，ますます必要になっているのではないでしょうか。

5 ユニバーサルデザインとハンディキャップを持った人たちへの配慮

　避難所はじめ日本国内の学校を含めた公共施設は，海外に比べユニバーサルデザインの観点が不十分であると指摘されています。一方，特別支援学校や老人ホームでは，安全への配慮が強く求められています。この細やかな安全への視点は，ほかの施設にとっても重要なことです。

　普段は健康な人であってもけがをする時があるでしょうし，電気のつかない暗い夜では方向や危険がわからないこともあります。そのことに配慮した施設や設備，さらには住みやすく人が集まりやすい街や公共の在り方の検討も，防災・減災に不可欠の観点になります。SDGsゴール3に「あらゆる年齢のすべての人々の健康的な生活を確保し，福祉を促進する。」と記されています。この観点は日常だけでなく，自然災害が発生した時にも生きてくると言えるでしょう。

　例えば，「平成16年7月新潟・福島豪雨」（2004）時に，学校の体育館に避難していた人が，浸水の恐れがあるということで校舎の2階へ移動したものの，階段までの距離が長かったり，上がりにくかったりなど不便であったことが明らかになっています。日本の場合，一般的に学校は体育館と校舎との接続が不便な設計であることも多いですし，エレベーターなどが設置されている小学校は稀と言えるでしょう。避難所になる可能性の高

い学校は，よりユニバーサルデザイン化が進められることを期待します。

また，学校が立地するのは，河川沿いや海沿いが多いのも事実です。津波を想定した場合，児童生徒数とは関係なく，校舎は4階以上で，屋上に避難できるようにフェンスをしっかりしておくことが望まれます。

さらに特別支援学校や老人ホーム等，避難に時間がかかる人たちが多く集まる公共施設は，高台などの安全な場所に設置される必要があるのではないでしょうか。

6 ほかの地域の教訓から学ぶ

地域で発生しそうな災害を想定しておくこと，特に過去に発生した自然災害は再び必ず起こると意識することの重要性については，第1章で述べた通りです。時間が経てば経つほど，過去は風化しやすくなるため，災害発生後には将来への教訓として多くの石碑が建設されてきたことを紹介しました。海岸部に津波に関する石碑が多かったり，河川流域に水害の石碑が多かったりすることはまさに先人の教えと言えるでしょう。

自然災害が風化されやすいのには，人間の心情的な理由もあります。例えば，江戸時代の記録によれば，1707年宝永地震の津波で多くの人が亡くなり，地域に悲しみが広がったことで，大阪の人はこの話題に触れることを避けました。確かに，辛いことを時間と共に忘却していくのは，一つの精神的な防衛手段と言えるでしょう。しかしその結果，地震のことも人々から忘れられてしまい，1854年に起きた安政南海地震で，再び同じような被害が発生したとあります。

時間の経過と共に意識から遠ざかりやすいのは，自分の地域から離れた場所で発生した自然災害でも同じです。たとえ国内で起きたとしても，自分が住んでいる場所から離れたところで生じた自然災害は，他人事のように捉えられがちです。

例えば2004年，インド洋で起きたスマトラ沖地震からは，世界中が地震後の津波についての教訓を得ました。

ところがこのスマトラ沖地震津波は，必ずしも日本の津波防災の直接的

な教訓とならなかった部分があります。日本政府はスマトラ沖地震後に，アジア防災センターを中心として，**図3-20**のような津波に関した防災副読本を数カ国語に訳して，関連した地域や学校教員に配布しました。この国際貢献はSDGs4.cの「2030年までに，開発途上国，特に後発開発途上国及び小島嶼開発途上国における教員養成のための国際協力などを通じて，資格を持つ教員の数を大幅に増加させる。」の意味からも重要と言えます。

図3-20　日本で作成され配布された津波副読本の表紙

　この副読本の内容は有名な「稲むらの火」のストーリーに，津波に関する知識を加えたものでした。日本から多くの国へ，防災・減災についてソフト面からも貢献することは重要であり，この取り組みの意義も否定できません。ただ，これはあくまでもほかの国に対して今後発生する津波への注意を喚起したものであり，その6年後に生じた東日本大震災を考えると，国内向けに展開する必要はなかったのかという疑問が残ります。

　ほかの地域で生じたことが自分の地域で生じた場合はどうするのか，また，ほかの人が自然災害に巻き込まれた場合，自分はその時どうするのかを考える姿勢は大切です。

　そのことによって，被害を受けた人の置かれた状況を推測することが可能になり，支援の方法を考えたり行動したりすることにつながるでしょう。

第**4**節
組織的な 防災・減災

1 国全体としての取り組み

2014年，内閣府総合科学技術・イノベーション会議は府省の枠や旧来の分野の枠を越えた「戦略的イノベーション創造プログラム（SIP：Cross-ministerial Strategic Innovation Promotion Program)」を開始しました。その中には，「レジリエントな防災・減災機能の強化」があります。SIPにおける防災・減災分野の課題として，「レジリエントな防災・減災機能の強化」第1期（2014〜2018年）に引き続き，第2期（2018年〜）では「国家レジリエンス（防災・減災）の強化」が選定されています。

SDGsでも，レジリエントという言葉は2つのゴールに用いられています。SDGsゴール9「強靭（レジリエント）なインフラ構築，包摂的かつ持続可能な産業化の促進及びイノベーションの推進を図る。」，SDGsゴール11「包摂的で安全かつ強靭（レジリエント）で持続可能な都市及び人間居住を実現する。」です。特にSDGs11.5及び11.b（いずれも先述）では，災害に対してのレジリエンスが明確に示されており，国際的な課題とも共通しています。

この取り組みでは，大規模災害に対し，国民　人ひとりの確実な避難，広域経済活動の早期復旧を目指して，国や市町村の意思決定の支援を行う情報システムを実現することがねらいとなっています。

具体的には，近未来に想定される南海トラフ地震や首都直下地震，ゼロメートル地帯の広域・大規模水害等への対応において，自助・共助・公助による自律的な最善の対応ができる社会（災害時のSociety 5.0）を構築することです。大規模災害時の避難支援や緊急対応の情報提供や広域経済活動の復旧支援，気候変動で激化する渇水対策の強化，さらには市町村等行政の対応力向上のため，国や市町村の意思決定の支援を行う情報システムを構

築し，国家レジリエンス（防災・減災）を強化することにより，現在，そして次世代の人々が安心して生きていける社会の実現を目指します。

　つまり，発生の切迫性が高まっている南海トラフ地震等の大規模地震災害や火山災害，気候変動によって激甚化する線状降水帯，スーパー台風等による風水害に対して，衛星，IoT，ビッグデータ等の最新の科学技術を最大限に活用し，国民一人ひとりの確実な避難と広域経済活動の早期復旧を実現するために，国や市町村の意思決定を支援する情報システムを研究開発し，実用化することが目標です。これは，SDGs11.a「各国・地域規模の開発計画の強化を通じて，経済，社会，環境面における都市部，都市周辺部および農村部間の良好なつながりを支援する。」とも関連しています。

2 様々なレベルでの組織活動

（1）大学と地域の学校との連携

　大学生が被災地のボランティア活動に加わることはよくありますが，その1つに学校支援があります。災害時で大きなダメージを受けるのは社会的弱者です。特に子供たちは精神的にもよりダメージを受けやすく，対応を考える必要があります。例えば災害が起きたのが夏季休暇中であっても，子供たちは学校に登校することによって精神的に安定します。そこで学校が開放された場合，教員実習などで子供たちとの対応に慣れている教育学部等の学生が学校支援を行うことは，専門性を活かした大学生ならではのボランティア活動と言えます（**図3-21**）。

　図3-21　大学生の学校支援

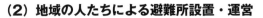

（2）地域の人たちによる避難所設置・運営

　2019年の東日本台風の被害により，改めて避難所設営のあり方が検討されるようになりました。

　前章で紹介したように，避難所運営は地域の行政だけでなく学校の協力が必要となっています。地域によっては，町内会長が学校体育館の鍵の場所を把握しているところもあります。これは，地域が学校を避難所として使用する際，自分たちで運営することを意識したものです。緊急時には，行政の到着や学校教員の協力が遅れることも予想されます。最初から地域の人たちだけで避難所運営に取り組まなくてはならない可能性もあるでしょう。

3 防災キャンプ・登山の体験と 防災訓練

（1）野外での避難所設営

　野外テントの設営経験が，避難時に重要な役割を果たすことがあります。これまでも災害発生後，避難所である体育館の中に個人用の野外テントを持ち込む人はいました。避難所の中は知らない人が多く，プライバシーを守るためにこのような行動を取る人もいたのでしょう。1948（昭和23）年6月28日に発生した福井地震の時は，蚊帳を戸外に張っていたことが伝えられています。

　大地震の後は余震があり，大きな被害を受けた自宅は倒壊のおそれもあり，安心して眠れない人も出てきます。2004年中越地震の時は，ビニールハウスの中で休んだ人が大勢いました。最近の地震では，自家用車の中に宿泊する人も増えてきています。

　家族との野外キャンプ体験が，避難所の適切な設営につながるかもしれません。つまり，自然と触れ合いながら避難についても考えられるということです。東日本大震災時では，裏山に避難しそのまま山で一夜を過ごすことになった小学生のために，枯れ木を集めてキャンプファイヤーのようにして子供たちの不安を軽くした校長先生もいました。

　野外キャンプにおいて電気のない生活を体験させ，日常，何気なく使って

いる電気のありがたさを感じさせたり，自然と向き合わせたりする体験活動をしている中学校もあります。さらに中学生一人ひとりに野外活動センターや森の中でソロビバークをさせて，様々なことを考えさせる体験活動も意義があることが報告されています。

SDGsゴール15では「陸域生態系の保護，回復，持続可能な利用の推進，持続可能な森林の経営，砂漠化への対処，ならびに土地の劣化の阻止・回復及び生物多様性の損失を阻止する。」と示されていますが，野外活動の取り組みは，こうした学びに大きくつながっていると言えます。

(2) 防災キャンプの意義

東日本大震災の後に各地で防災キャンプが実施されました。地震が想定される地域だけでなく，かつて，地域が大きな水害に遭った市でも試みられました（図3-22）。

新潟県のある市で行われた例では，子供たちはまず地域の消防団から，新潟・福島豪雨（2004）の説明を受けました。大きな災害が発生しても，時間が経てば人の移動もあって忘れられてしまいます。小学生の子供たちにとっては，自分の生まれる前や覚えていないほど小さな時のことになります。それを繰り返し伝えていくことは，地域災害の風化防止につながります。キャンプを行うことは，子供だけでなく，学校教員や保護者など大人も関わるので，地域全体の防災・減災への思いが強くなると考えられます。

子供たちは，非常食中心の食事で様々な気づきを得ました。最近では非常食もおいしく，食べやすくなっています。しかし，実際の緊急時の非常食はそうとは限りません。キャンプと言えば食事は大きな楽しみですが，防災キャンプでは，日常の食事のありがたさを経験するためにも良い機会となったことが，子供たちの振り返り作文によって明らかになりました。最終日の夜に，地域の方の協力による豚汁などの温かい夕食が出たおかげで，より一層感謝の念が高まったようです。

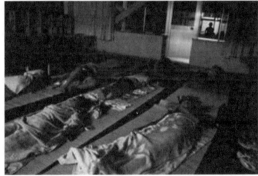

図3-22　防災キャンプの様子

■大学生による災害ボランティア活動の様子

第 **4** 章

自然環境理解と持続可能な社会の構築

自然の恩恵と災害

1 野外活動，自然体験・景観から災害・防災を学ぶ

野外活動などの自然体験は，防災教育と様々な共通点があります。まず，災害時には屋外に緊急避難しますが，そのまま外で食事や睡眠等をとらなくてはならないこともあります。この場合，登山やキャンプ等での経験や道具等が役に立つことでしょう。ちなみに2020年の新型コロナウィルス感染症流行時，外出自粛によるストレスを庭先などでのバーベキューで解消に努めたという例もあります。

次に，雄大な自然景観との出会いを求めて観光地を訪れ，自然の美しさ，壮大さ，ダイナミクスを感じた時，なぜこのような山や湖などができたのかという形成のプロセスを知ることによって，それらが災害に転じることを理解できるようにもなります。自然に関する知識が深まるほど，同時に自然に対する畏敬の念が生じ，自然の恐さを正しく知った対応が可能になることも期待できます。

SDGs12.8では，「2030年までに，人々があらゆる場所において，持続可能な開発及び自然と調和したライフスタイルに関する情報と意識を持つようにする。」とありますが，この姿勢は災害発生時において，ライフラインの供給が十分でない時への対応としても重要な意味があります。

2 山の自然に親しむ

(1) 山地での恵みと備え

登山で自然のダイナミクスや美しさを感じた人は多いでしょう。山の楽しみ方には，ハイキングなどの山歩きから，本格的な登山，ロッククライ

ミングなど，様々な方法や経験に応じたレベルがあります。

　岩石が露出した絶景や，急峻な山地からの風景などは，多くの人が感動する景観です。さらに，その壮大な美しさから自然災害と関連する大地の動きを読み取ることができます。

　日本には西日本を中心に，花こう岩からできている山々が多くあります（**図4-1**）。例えば，関西の六甲山(ろっこうさん)や図のような御在所岳(ございしょだけ)（滋賀県と三重県との県境）です。花こう岩は地下深部でマグマがゆっくりと冷えて固まった火成岩として，中学校理科の教科書に必ず登場します。地下深部で形成された花こう岩が，なぜ高い山になっているのか，不思議に思えますが，隆起による地殻変動と結び付けて考えれば理解することができます。

　同じように地下深部でゆっくり冷えた岩石には，斑れい岩や閃緑岩(せんりょくがん)があります。**図4-2**は関東平野にある筑波山(つくばさん)です。筑波山を構成する岩石は，花こう岩と斑れい岩の二種類の岩体です。

図4-1　ロープウェイで登る花こう岩の山々

図4-2　筑波山の形状と岩石

大阪府と奈良県の境にある生駒山も，花こう岩と斑れい岩からできています。生駒山は大阪平野側から見ると急にそびえているように見えるのですが，これは「傾動地塊」と呼ばれ，**図4-3**で示したような活断層の影響を受けています。大阪の上町台地も同様です。

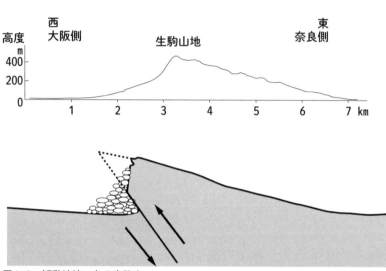

図4-3　傾動地塊である生駒山

　花こう岩が絶景を作っているのは，日本だけではありません。アメリカ・ヨセミテ国立公園の「ハーフドーム」と呼ばれる岩石も花こう岩からできています（**図4-4**）。氷河によって削られたため，このような絶壁となりました。ハーフドームはハイキングはもちろん，ロッククライミングをする人にも人気があります。

　アメリカの花こう岩も，造山運動の影響を受け，現在も隆起し続けていると言えるでしょう。

　一方，インドのデカン高原などにある花こう岩は形成された時期がずっと古く，先カンブリア時代と呼ばれる約20数億年前のものです（もちろん日本にはこの時代の地層は存在しません）。安定地塊となっており，造山運動がすでに終わっている状況です（**図4-5**）。

図4-4　ヨセミテ国立公園の花こう岩

図4-5　インド・デカン高原の岩石

(2) 風化し真砂化した花こう岩

　花こう岩が風化すると真砂化します。図4-6は六甲の風化した花こう岩の様子です。日本の花こう岩が世界の花こう岩に比べて風化しやすいのは，まず，できた時期が海外の花こう岩に比べ比較的新しいためです。世界的に，花こう岩は先カンブリア時代と呼ばれる6億年から20数億年前の時代にできたものが多いのですが，日本の場合，中生代の終わりから新生代のはじめ（約8千万年前〜）頃に形成されたものが多数です（中には屋久島の花こう岩のように約1500万年前とより新しい時代のものもあります）。

　しかし，できた時期以上に，断層運動の影響によって表面が脆くなっているものが多々あるのです。

　そのため，国内の花こう岩地帯は，集中豪雨などが生じると，広島土砂災害のような土石流が発生します。阪神淡路大震災など大きな地震動が発生した時には，がけ崩れや斜面崩壊が生じました。

図4-6　真砂化した花こう岩

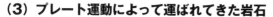

（3）プレート運動によって運ばれてきた岩石

　図4-7はロッククライミングができる山の様子です。山肌の白い岩は石灰岩と呼ばれ，南の海からプレートによって運ばれてきたもので，サンゴ礁やフズリナ（絶滅した原生動物の一種，紡錘虫）などの死骸が固まってできています。この石灰岩が形成されたのは，古生代・中生代と呼ばれる時代になります。

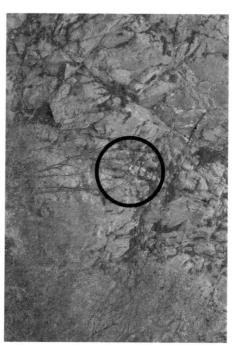

図4-7　ロッククライミングができる石灰岩の山

　石灰岩が南の海から日本にやってきたメカニズムを**図4-8**に示しました。これまでも日本列島での地震の発生をプレート同士の動きによるプレートテクトニクスから説明してきましたが，このプレートの動きが日本列島の土台をつくってきたのです。かつて，日本列島よりもずっと南の島の比較的浅い美しい海で形成されたサンゴ礁などが岩石となり，プレートの動きによって日本列島まで運ばれてきました。

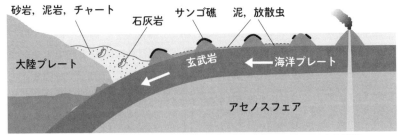

砂岩，泥岩，チャート　　サンゴ礁　　泥，放散虫

石灰岩

大陸プレート　　　　　　　　玄武岩　　　海洋プレート

アセノスフェア

図4-8　プレートテクトニクスによって岩石が日本に向かってやってくる様子

（4）火山活動によってできた山々

　日本列島には多くの火山が存在します。日本の国立公園やジオパークなどでは，かつての爆発の凄さを地形から想像することができます。

　例えば，富士山も活火山です。富士山から噴出された岩石は火山岩の中でも玄武岩が主です。何度かの噴火による火山噴出物が成層火山をつくり，円錐形のバランスの良い景観を形成しました。全国に「○○富士」と呼ばれる火山は多く存在しますが，必ずしも富士山を形成する岩石とは同じとは限りません。

　なお，これまで紹介してきた火山は，桜島や浅間山が主に安山岩，雲仙普賢岳や有珠山が主に流紋岩・石英安山岩の火山岩からできています。

　マグマが冷えて固まった岩石（火成岩）には，先述の花こう岩のような深成岩だけでなく，地表面で急冷してできた火山岩（安山岩・玄武岩・流紋岩など）があります。マグマの違いによって，火山の形態や溶岩の性質・色なども異なってきます。**表4-1**にその違いを示します。

　溶岩の粘性土の高い岩石からなる火山，例えば昭和新山（**図4-9**）は，釣り鐘状の形を示すため，鐘状火山と呼ばれています。

表4-1　マグマの違いによる火山の特色の違い（「大地の変化の達人」サイトより）

分類名	盾状火山 （たてじょうかざん）	成層火山 （せいそうかざん）	鐘状火山 （しょうじょうかざん）
溶岩の粘り気	弱　　　　　　　　　　　　　　　　　　　強		
火山の形			
例	マウナロア山（ハワイ） キラウエア山（ハワイ）	富士山（静岡／山梨） 浅間山（群馬／長野）	昭和新山（北海道） 大有珠（北海道）

図4-9　昭和新山

溶岩が作る景観

　現在は噴火しなくてもかつての火山活動によって流れた溶岩が景観を作ることがあります。溶岩は冷えて固まった時に，六角柱を作ります。これらは「柱状節理」と呼ばれます。

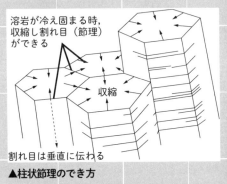

溶岩が冷え固まる時，収縮し割れ目（節理）ができる

収縮

割れ目は垂直に伝わる

▲柱状節理のでき方

▶柱状節理の上に建つ教会（ドイツ）

　この柱状節理が美しい景観をつくっているのが，国の天然記念物になっている玄武洞（兵庫県豊岡市）です。玄武洞公園周辺の岩石は，主に160万年前の火山活動によってできた玄武岩です。玄武岩の名前は，この玄武洞にちなんで付けられました。「玄武洞」のほかに四神にちなんでつけられた「青龍洞」「白虎洞」「朱雀洞」もあります。特に青龍洞の美しさが注目されています。

■兵庫県玄武洞（左）・青龍洞（右）

柱状節理が作った美しい景観はほかにもあります。代表的なものが東尋坊（福井県）と高千穂峡（宮崎県）ですが，形成された時代は，それぞれ異なります。東尋坊は新生代新第三紀と呼ばれる時代に，日本海が拡大した時の火山活動に伴って形成された溶岩が冷えて固まってできたものです。高千穂峡の岩石は，約9万年前と12万年前に，阿蘇カルデラからの火砕流で運ばれた溶結凝灰岩による柱状節理です。

■溶岩等の火山噴出物が冷えて固まってできた東尋坊（上）と高千穂峡（下）

3 海・河川・湖などの恵み

（1）湖とカルデラ湖

　日本の代表的な湖にはカルデラ湖があります。カルデラ湖とは，火山噴火によって噴出物が出て陥没し，そこに水がたまってできた湖です（**図4-10**）。

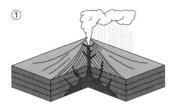

① 噴火が繰り返され，噴出物が積み重なって，次第に円錐火山が形成される。

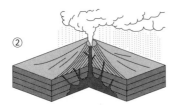

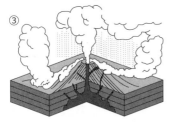

③ 強烈な爆発（②）や大規模な火砕流（③）が発生して，多量のマグマが地表へ急に噴出されると，地下のマグマだまりに大きな空洞ができる。

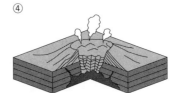

④ 火山帯の中央部の土地が重力で落ち込み，マグマ溜まりの空洞を満たすが，地表にはカルデラ（2km以上の窪地）が形成される。

⑤ カルデラ内で再び噴火が行われ、中央火口丘と呼ばれる小火山が誕生したり，カルデラの底部に水が溜まってカルデラ湖が生じたりする。

図4-10　カルデラ湖のでき方（「日本大百科全書」より）

　日本で最も深い湖は秋田県の田沢湖（たざわこ）（**図4-11**）ですが，深さ上位10のうちほとんどがカルデラ湖であることがわかります（**表4-2**）。火山噴出物による堰止湖も上位に入っていることから，日本の湖の形成には，火山活動が関わっていることが理解できると思います。

　読者にとって意外なのは，日本で最大の面積を有する琵琶湖が入っていないことでしょうか。琵琶湖は構造湖と呼ばれる断層によってできた湖です。深さが世界第1位のバイカル湖（ロシア），第2位のタンガニーカ湖（タンザニア）も構造湖ですから，日本の火山活動の特色がより明確にうかがえます。

図4-11　田沢湖(秋田県)

表4-2　日本の湖の深さとその成因

1.	田沢湖	423.4m	秋田（東北）・カルデラ湖
2.	支笏湖	360.1m	道央（北海道）・カルデラ湖
3.	十和田湖	326.8m	青森&秋田（東北）・カルデラ湖
4.	池田湖	233m	鹿児島（九州）・カルデラ湖
5.	摩周湖	211.5m	道東（北海道）・カルデラ湖
6.	洞爺湖	180m	道央（北海道）・カルデラ湖
7.	中禅寺湖	163m	栃木（関東）・堰止湖（火山）
8.	倶多楽湖	148m	道央（北海道）・カルデラ湖
9.	本栖湖	121.6m	山梨（中部）・堰止湖（火山）
10.	屈斜路湖	117m	道東（北海道）・カルデラ湖

世界にも多くの美しいカルデラ湖が存在します。**図4-12**は北アメリカ大陸太平洋側に存在するカスケード火山帯のクレーターレイク国立公園です。かつてはマザマ山と呼ばれる火山でした。

図4-12　クレーターレイク(アメリカ)

(2) 溶岩によって川がせき止められてできた水域

　火山活動に関係してできた湖はカルデラ湖だけでなく，溶岩などの火山噴出物が川をせき止めてできた湖もあります。**図4-13**は北海道の大沼国定公園です。活火山の北海道駒ヶ岳とその火山活動によってできた大沼，小沼，蓴菜沼の湖沼からなります。大沼は点在する多くの小島が特色ある景観を作っています。これらの島は，火山噴火で発生した泥流によって押し出された岩塊や溶岩が集積してできたものです。公園は2012(平成24)年，「ラムサール条約」登録湿地に指定されました（コラム参照）。

図4-13　駒ヶ岳と大沼(北海道)

COLUMN: ラムサール条約

　ラムサール条約の正式名称は，「特に水鳥の生息地として国際的に重要な湿地に関する条約」で，湿地に関する条約です。1971年2月2日にイランのラムサールという都市で国際会議が開催されたため，採択された地名から「ラムサール条約」と呼ばれています。

　条約では，国際的に重要な湿地及びそこに生息・生育する動植物

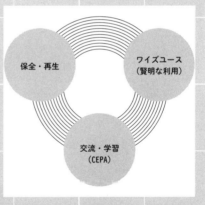

の保全を促進するため，各締約国がその領域内にある国際的に重要な湿地を1ヶ所以上指定し，条約事務局に登録すると共に，湿地の保全及び賢明な利用促進のために各締約国が取るべき措置等について規定しています。

　図で示したように条約の目的である湿地の「保全・再生」と「ワイズユース（賢明な利用）」，これらを促進する「交流・学習（CEPA）」。この3つが条約の基盤となります。

（3）地殻変動だけでなく，温暖化も関係するリアス海岸

　リアス海岸は，「溺れ谷」とも関連しています。もともと海岸線に対して
垂直方向に伸び，河川により侵食されてできた開析谷が溺れ谷になり，そ
れが連続して鋸の歯のように連なっているような地形を「リアス海岸」と
呼びます。さらに相対的な土地の沈降が進むと，多島海になっていきます
（図4-14）。かつては，これらの地形は，地殻変動による谷の周辺の沈降
によって起きたと考えられていました。近年では，最終氷期が終わったこ
とによる世界的な海水面の上昇といった気候変動などによるものと考えら
れるようになっています。

　日本の代表的なリアス海岸の1つである三陸海岸が，東日本大震災後に
日本最大の面積を持つジオパークになりました（p.181参照）。海岸線は，
青森県八戸市から宮城県金華山までの全長約600kmです。

図4-14　リアス海岸と多島海

リアス海岸は，海岸線に対して垂直に開き，湾口に比べ奥の方が狭く浅くなっている入り江のため，沖合では低い津波も湾内では波高が急激に高くなり，しばしば大きな被害をもたらしてきました。そのため，**図4-15**のように津波を防ぐための高い防潮堤を設けるなどの対策が取られてきました。また，湾内では一度押し寄せた津波が反射波となり，対岸同士を繰り返し襲い，津波の継続時間が長くなることも知られています。

図4-15　リアス海岸に築かれた防潮堤

COLUMN: 地震によって隆起して現れた海岸

　写真は佐渡の小木^{おぎ}海岸です。1812年の小木地震によって，かつて水面下にあった海底部分が隆起して海食台となりました。つまり，かつての海底を見ることができるのです。

佐渡の小木海岸▶

（4）火山活動と無関係な温泉

　現在も火山活動の熱によって，温泉が作られることがあります。**図4-16**のようにマグマだまりが存在する活火山の近くの地下水が熱せられて，温泉が噴出することは簡単に理解できると思います。

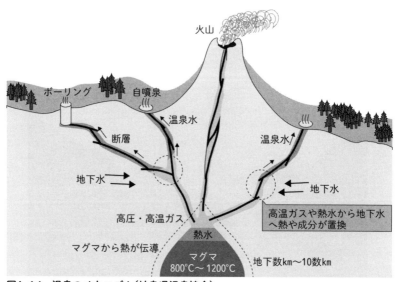

図4-16　温泉のメカニズム（岐阜県温泉協会）

　しかし，周辺に火山が存在しないにも関わらず，温泉が湧出する場所は国内に数多くあります。西日本，近畿地方や中国地方，四国地方には火山がなく，ここに温泉が存在するのは不思議な気がします。例えば，有名なところでは，愛媛県の道後温泉，和歌山県の白浜温泉，兵庫県の有馬温泉と城崎温泉などが該当します。

　実は活火山が存在しなくても，海洋プレートが大陸プレートに沈み込む時に，プレート同士の接触によってマグマが発生し，断層を通って地下水が上昇して温泉ができます。日本列島では温泉一つとっても，常に地球の動きを感じることができるのです。

自然環境理解から SDGsまで

1 国立公園，ジオパークでの自然の二面性の学び

　日本列島には，自然環境が豊かな国立公園，国定公園，都道府県立の自然公園などが存在します。また，最近では各地にジオパークが見られます。公園での自然景観や体験活動から，自然の恩恵，自然災害を学ぶことができます。

(1) 伝統的な国立公園・国定公園等

　国立公園，国定公園は環境大臣が指定します。その管理を担当するのが，国か，都道府県かで，国立公園，国定公園が決められます。国立公園は初めて指定されたのが1934年，国定公園は1950年と歴史があり，それぞれ34，56の公園が指定されています。また，都道府県立の自然公園は311か所存在します（いずれも2020年5月時点）。

(2) ジオパーク

　近年注目を集めているのが「ジオパーク」です。ジオ（大地）＋パーク（公園）の造語で，「大地の公園」と訳されていたこともありましたが，現在はそのままジオパークと呼ぶのが一般的です。ジオパークのねらいは，自然の保護・保全，教育・啓発，持続可能な開発を目指した地域の振興です。特に3番目が，ほかの自然公園とは異なったジオパークの特色と言えるかもしれません。

　SDGs8.9には「2030年までに，雇用創出，地方の文化振興・産品販促につながる持続可能な観光業を促進するための政策を立案し実施する。」があり，この視点からもジオパークには大きな意義があります。さらに

SDGs12.bには、「雇用創出、地方の文化振興・産品販促につながる持続可能な観光業に対して持続可能な開発がもたらす影響を測定する手法を開発・導入する。」と示されており、そうした取り組みは今後のジオパークに期待したいところです。現在（2020年8月時点）、日本ジオパークに認定されているのは43地域あり、そのうち、ユネスコによって世界ジオパークに認定されているのは9地域です。

　国内で、世界ジオパークに認定されている地域を**図4-17**に示します。国立・国定公園に指定されているところもあり、洞爺湖有珠山ジオパークや島原半島ジオパークには、気象庁が命名した大きな噴火が生じた火山が含まれています。

図4-17　国内の世界ジオパークの地域

　日本ジオパークで地質・地形・岩石等を学ぶことによって，自然災害発生の可能性を認識することもできます。ジオパーク側が自然災害をテーマにしているところもあります。例えば，東日本大震災発生後，被災地の状況をとどめた三陸ジオパーク，岩手・宮城内陸地震によって大規模な地すべりが生じた栗駒山麓ジオパークなどが相当します。

2 子供たちによる災害支援「環境・観光・防災」

　東日本大震災以降，離れた地域の都市同士が災害応援に関して協定するところが増えてきました。友好を深めるだけでなく，人材育成を視点に入れ人的交流を行う自治体も見られます。その中でも将来の災害を見据えて，中学生同士が交流を深める取り組みがなされている例について紹介したいと思います。

　沖島は滋賀県の琵琶湖に位置し，日本で唯一，淡水湖上で人が生活する島です（**図4-18**）。沖島で開催された人的交流事業の目的は，参加した各地の中学生同士が意見を交換し合い，それぞれの地域の課題から持続可能な社会づくりへの意識を高め，地域に貢献できる次代の担い手を育成することにありました。共同生活を通して，互いの親交を深め，災害応援協定を結んでいる都市間の友好の架け橋となり今後の地域に寄与する人材を育成することもねらいでした。

図4-18　琵琶湖の沖島

テーマは，災害応援協定自治体間の交流が目的であることから「防災」，世界でも数少ない淡水湖に人が住んでいる沖島の「観光」，開催地滋賀県が重視する「環境」の3つとされました。これに則った教育活動プログラムが2泊3日の日程で，静岡県富士宮市，和歌山県御坊市，福井県小浜市，地元の滋賀県近江八幡市等から31名の中学生を迎えて実施されました。

　初日は自然の二面性（自然景観等の恩恵，災害の可能性）の理解が目標です。参加者は島全体の地形，地質の概略の説明を受け，石切り場跡・浄水場・海底ケーブル等の見学をしました。地質や岩石の様子を見ながら，ライフラインがどのように設定されているかも理解します。島の地質は，稜線を境に南側が中生代～新生代古第三紀の湖東流紋岩，北側がそれを貫く花こう閃緑斑岩であり，島南部では湖東流紋岩のことを「沖島溶結凝灰岩」と呼んでいます。

　2日目は環境学習船「megumi」に乗船し，琵琶湖の水質やプランクトン調査などの環境学習と，琵琶湖内外の地形・地質・気象の学習を実施しました（図4-19）。滋賀県では，学習船「うみのこ」，琵琶湖汽船の環境学習船「megumi」による環境学習ができます。この環境学習船は，深水を汲み上げて温度や透明度を計測したり，プランクトンを採集したりすることができます。プランクトンを顕微鏡観察して，生態系ピラミッドを理解することもできます。

図4-19　琵琶湖での環境学習

琵琶湖の中の島にはほかに，柱状節理の発達した花こう岩体の竹島（多景島），湖東流紋岩からなる沖ノ白石があります。これらの島々にも船は近づき，船上から観察することができました。

　3日目の最終交流会では，各班が相互評価・自己評価を行い，振り返りを行いました。参加者は各市で選抜された中学生で，各学校の生徒会役員等をするなどリーダーシップがあり，積極的にグループワークなどを行う資質を備えていたこともあり，自然の二面性の理解と人材交流という本プログラムの大きな目的は達成されました。

　各地域での自然環境の特色に学習者が気づき，観光にもつながるこのようなプログラム実践の意義は，大きいと思われます。

　SDGsゴール14では，「持続可能な開発のために海洋・海洋資源を保全し，持続可能な形で利用する。」と示されています。具体的にSDGs14.1「2025年までに，海洋堆積物や富栄養化を含む，特に陸上活動による汚染など，あらゆる種類の海洋汚染を防止し，大幅に削減する。」があり，このプログラムは海と連動して湖の豊かさも考えることができるため，まさにSDGsゴール実現への1つの方法といえるでしょう。

3 豊かな国を目指して

（1）豊かさの別の指標

　日本のGDPの高さ，それに相応した防災・減災などの国際貢献については前述したとおりです。GDPの数字から見ると，日本は経済的には豊かな国と言えます。また，「OECD生徒の学力到達度調査（PISA）」や「国際数学・理科動向調査」などの結果から見ると，日本の子供たちの学力水準は高く，これまでの学校教育等の成果は，それなりに評価することができるでしょう。

　しかし，持続可能な社会を考えた場合，本当に豊かな国とはどのような国であり，そのために行われる教育とはどのようなものなのでしょうか。例えばGDP以外にも国の豊かさを示す様々な指標があります。国連開発計画「人間開発指数（Human Development Index：以後HDIと称す）」

はその1つです。これは教育水準，健康・寿命，所得水準の観点から各国の生活の質を0～1ポイントで評価した指標です。国連開発計画駐日代表事務所（2015）によると，HDIは，人間開発の「長寿で健康な生活」「知識を獲得する能力」「十分な生活水準を達成する能力」の3つの基本的側面に的を合わせた合成指数としています。

　表4-3にHDI1位から20位までを示しました。これによると，2018年時点で日本は19位です。GDPに比べると低く感じられた人も多いでしょ

表4-3　HDIランキング

順位	国名	単位 pts	順位	国名	単位 pts
1	ノルウェー	0.95	15	アメリカ	0.92
2	スイス	0.95	17	ベルギー	0.92
3	アイルランド	0.94	18	リヒテンシュタイン	0.92
4	香港	0.94	19	日本	0.92
4	ドイツ	0.94	20	オーストリア	0.91
6	オーストラリア	0.94	21	ルクセンブルク	0.91
6	アイスランド	0.94	22	イスラエル	0.91
8	スウェーデン	0.94	22	韓国	0.91
9	シンガポール	0.94	24	スロベニア	0.9
10	オランダ	0.93	25	スペイン	0.89
11	デンマーク	0.93	26	チェコ	0.89
12	フィンランド	0.93	26	フランス	0.89
13	カナダ	0.92	28	マルタ	0.89
14	ニュージーランド	0.92	29	イタリア	0.88
15	イギリス	0.92	30	エストニア	0.88

第**2**節

自然環境理解からSDGsまで

う。例えば,「長寿で健康な生活」では日本のポイントは高いのでは,と思えますが,国民の平均年齢とその寿命との差も数値化されており,少子高齢化が進む国では,この値は低くなってしまいます。また,男女共同参画社会の面では,議員数の男女比率など,日本がほかの国より低い項目も多く見られます。SDGsゴール5は「ジェンダー平等を達成し,すべての女性及び女児の能力強化を行う。」ですが,日本の大きな検討課題と言えるでしょう。

このHDIにおいて,近年,ノルウェーは第1位を維持し続けています。本書で意識したいのは,「OECD生徒の学力到達度調査」や「国際数学・理科動向調査」などでの高い学力を目指すことが,本当に国や国民の豊かさにつながる教育になるのか,ということです。HDIの高さが教育に与える影響を無視はできないということも考えられます。そこで,日本社会に対してはあまり影響力やなじみがなく,注目される機会の少ない国の現状を見てみましょう。

(2) 国連に対する日本とノルウェーの共通性

ランキングで1位のノルウェーについて触れてみます。ノルウェーはESDやSDGsとも関係の深い国です。

例えば,「持続可能な開発」という概念は,後に再びノルウェーの首相となったブルントラント博士が,国連の環境と開発に関する世界委員会の委員長の時にまとめた内容です。有名な「ブルントラント・レポート」として1980年代に整理され提言されたこと(開発と環境に関する世界委員会,1990)は,重要な意味を持っています。

一般的に,ノルウェーは日本と同様,国連に対する意識は高い国と言えるでしょう。ノルウェーの国際的平和と安全保障のための努力の多くは,国連を通して行われています。国連の初代事務総長を務めたのは,ノルウェー人のトリグヴェ・リーです。そして駐日ノルウェー王国大使館によると,これまでに6万人を超えるノルウェー人が,国連が調整役を務める平和活動に参加しています。

日本は伝統的に,国連への拠出金が高い割には国際社会への発言力は低

187

いとされ，人材育成と合わせて今後の日本の課題とされています。ノルウェーの国際貢献の方法からは学べることがあるのではないでしょうか。

（3）ノルウェーのエネルギー方針

　ノルウェーには原子力発電所どころか，石炭火力発電所も本土にはありません。在ノルウェー日本国大使館による「ノルウェーのエネルギー事情」(2012) では，ノルウェーは世界第2位の天然ガス輸出国であり，世界第7位の石油輸出国となっています。石油生産量がヨーロッパの75%を占めながらも，エネルギー供給の大部分は水力発電で賄っているのが特色です。つまり，ノルウェーでは自国の豊富な化石燃料を国内で使用していないのです。

　SDGsゴール7に「すべての人々の，安価かつ信頼できる持続可能な近代的エネルギーへのアクセスを確保する。」があります。その中でもSDGs7.2「2030年までに，世界のエネルギーミックスにおける再生可能エネルギーの割合を大幅に拡大させる。」，SDGs7.3「2030年までに，世界全体のエネルギー効率の改善率を倍増させる」，SDGs7.a「2030年までに，再生可能エネルギー，エネルギー効率及び先進的かつ環境負荷の低い化石燃料技術などのクリーンエネルギーの研究及び技術へのアクセスを促進するための国際協力を強化し，エネルギー関連インフラとクリーンエネルギー技術への投資を促進する。」というターゲットが示されています。

　前章でも触れましたが，日本ではエネルギーの需要に対して，原子力発電所や火力発電所に頼る政策が取られてきました。しかし，今後は抜本的に考え直すことも必要かもしれません。

（4）日常の環境への配慮

　ノルウェーはじめ，ヨーロッパ諸国を旅行すると，交通手段としての自転車を見かけることがあります。エネルギーだけでなく，人々の健康維持にも役割を果たしていると考えられますが，読者は道路の広さなどが日本と根本的に違うから普及していると思われるでしょう。また，道路に起伏が多ければ不適切な乗り物と思われるかもしれません。**図4-20**はノル

ウェーにある自転車が斜面を登る時の補助設備です。これは坂道でも自転車に乗ったまま上げてくれる設備なのですが，日本では見かけることはないと思います。

　また，ドイツでは，列車の中に自転車置き場が設けられています。自転車で駅まで行き，自転車専用の車両に自転車を預け，降車する時に自転車と共に降り，再び自転車で移動できるのです。帰りももちろん同じように乗車・下車できます。プラットホームには，自転車と共に上がるために**図4-21**のようなコンベアーが存在します。

図4-20　坂道での自転車補助設備（ノルウェー）

図4-21　駅に設置された自転車用の設備（ドイツ）

日本では，自転車専用レーンが整備されていない道路や，幅が狭い道路も多く，道路交通法では自転車が車道を通る場合と歩道を通る場合とがあって自転車に乗る人の認識も多様です。そのため，自転車運転者はもちろん自動車の運転者にとっても，危険を感じることがあります。今後は，道路にもユニバーサルデザインの考え方を広めていく必要があります。

　海外の状況を踏まえて，SDGs11.2「交通の安全性改善により（中略）持続可能な輸送システムへのアクセスを提供する」を見ていきますと，「2030年までに，脆弱な立場にある人々，女性，子ども，障害者及び高齢者のニーズに特に配慮し，公共交通機関の拡大などを通じた交通の安全性改善により，すべての人々に，安全かつ安価で容易に利用できる，持続可能な輸送システムへのアクセスを提供する。」となっています。日本は70年代の交通事故死者数から見れば，状況は改善されたと言えますが，子供や高齢者の事故数を見ると，さらなる交通安全への取り組みが必要だと考えられます。

(5) 成熟した国と開発途上の国での交通ルール

　ヨーロッパと日本の違いを感じる一番の点は，歩行者優先のルールが徹底しているかどうかです。日本では，信号機のないところなどであれば車の通行が優先される場合を多く見かけますが，ノルウェーでは，歩行者を見るとドライバーは止まってくれます。一方，発展途上のアジアでは，日本の常識から見ると交通マナーは悪く，青信号と思って渡ろうとしても車が信号機を無視して横切り，思わずひやりとすることがあります。交通マナーのような日常の市民の行動に，その国の文化の成熟度が示されるのかもしれません。

　しかし，そうした開発途上国のバイクや車の多さ・乱雑さ・渋滞に，その国の将来が期待できるような，溢れるバイタリティーを感じることがあるのも事実です（図4-22）。

図4-22　アジア諸国の交通の様子（上：ベトナム　下：インド）

（6）SDGs11.b「総合的な災害リスク管理を策定し，実施する」

　さて，先に交通の安全性改善を示したSDGs11.2は，SDGsゴール11の「包摂的で安全かつ強靭（レジリエント）で持続可能な都市及び人間居住を実現する。」の1つのターゲットです。

　ここで，SDGsゴール11を取り上げたのは，SDGs11.bとして，「2020年までに，包含，資源効率，気候変動の緩和と適応，災害に対する強靭さ（レジリエンス）を目指す総合的政策及び計画を導入・実施した都市及び人間居住地の件数を大幅に増大させ，仙台防災枠組2015-2030に沿って，あらゆるレベルでの総合的な災害リスク管理の策定と実施を行う。」と記されているからです。

　つまり，「交通の安全性改善」も「総合的な災害リスク管理の策定と実施」も「安全かつ強靭（レジリエント）で持続可能な都市及び人間居住を実現する」ことと連動していることが理解できるのです。

おわりに

　本書を企画し，執筆している間にも，日本はじめ国際社会は大きく動きました。2020年は，東京オリンピック・パラリンピックが開催され，日本の新たな輝きが注目される年になったはずです。また，世界各国から多くの人々が日本を訪れ，国際交流が一層進展する期待もありました。それに伴い，平成以降，行き詰まりを見せていたとも言える日本の経済界が，1964年の東京オリンピック以降のように，高度に飛躍することすら願われていました。

　ところが，2021年5月現在，世界に蔓延した新型コロナウィルス感染症の影響のため，国際的な交流や経済的な発展どころか，全てが厳しい状況におかれています。これは，日本だけの問題ではありません。むしろ，世界全体で，共に取り組んでいかなくてはならない解決課題となっています。まさに，本書の主題でもあるSDGs（持続可能な開発目標）が強く求められる時期です。

　最近，「ウィズ・コロナ」「アフター・コロナ」の声がよく聞こえます。「テレワーク」や「オンライン授業」など，仕事の方法や学習方法も変わりつつあります。働き方改革と言われてもなかなか進まなかったことがコロナ禍を機に一気に動いたのは事実です。自宅の中で可能な仕事に対して，通勤時間をかけて出社したり，会議のために遠方に出張したりする必要があったのかを考える機会にもなりました。また，学校や集団生活になじめなかった子供たちに一つの可能性が示唆されたかもしれません。東京集中の一極化の在り方が改めて問われると共に，地方再生，さらには国際社会へのより密接なアプローチへつながることが一層期待されます。

　東日本大震災発生後，避難所でしばらく生活していた小学生の作文に「それまでは，朝暖かいご飯を食べるのは当然であり，学校に行ったり友達に会ったりするのが普通だと思っていました。でも，それがどんなに素晴らしいことだったか，初めてわかりました。」といったことが書かれていました。この小学生が過酷な経験をしていることはわかります。しかし，長い人生を考えた時，非常に大切な学びをしたかと思います。近代の戦争や

原子力爆弾投下による悲惨な経験も同様です。そこから戦争や核兵器の使用が二度とあってはならないことを学んだはずです。厳しい経験が次の時代の希望に続くこともあるでしょう。

　また，自然災害をはじめ，あらゆる事故災害などに対して，想定外と言われることが多くなってきています。「想定外」を想定するのは矛盾であるかもしれません。しかし，本書でも繰り返し述べてきましたが，何が起こっても対応できるレジリエンス（強靭性）が社会にも個人にも求められる時代になってきたのは事実です。教育界で求められる「生きる力」の育成が，社会全体で一層重要視されるでしょう。

　本書では，自然災害と防災・減災について，SDGsを踏まえながら，幅広く考えてきました。自然界では，地震・津波，豪雨・暴風などが生じ，甚大な被害を社会に与える時もあります。しかし，1年間に限ってみても，厳しい寒さの冬や猛暑の夏ばかりではありません。社会も自然現象と同じ側面や傾向があり，むしろ厳しい時代を超えることによって，次の新たな時代が来ると言っても過言ではありません。

　この時代に本書を読まれて，一層様々な自然景観を体験し，自然との関わりを深めたい，身近な人との親睦や世界の人とのつながりを求めたい，と考える人が増えることを期待しています。そして災害や危機に際した時にレジリエンスを発揮する日常からのネットワークの大切さ，さらには生の音楽鑑賞や演劇鑑賞など人間の文化活動の偉大さなどを，これまでとは違った感覚で意識するようになったとすれば，それがSDGsの基本になると言えるのではないでしょうか。

　最後になりましたが，本書を刊行するにあたって，大変お世話になりました株式会社大修館書店編集第三部中村あゆみ様に深謝いたします。

新型コロナウィルス感染症を乗り越えた新たな時代を期待して
藤岡　達也

索引

索引

ま

や

ら

■富士山

［著者］

藤岡達也（ふじおか　たつや）

　滋賀大学大学院教育学研究科教授。大阪府立大学大学院人間文化学研究科博士後期課程修了。博士（学術）。上越教育大学大学院学校教育学研究科教授などを経て現職。

　専門は，防災・減災教育，科学教育，環境教育・ESDなど。

　著書は『絵でわかる日本列島の地震・噴火・異常気象』（講談社），『環境教育からみた自然災害・自然景観』（協同出版），『環境教育と地域観光資源』（学文社）など多数。

エスディージーズ　**ぼうさいきょういく**
SDGsと防災教育——**じぞく　か　のう**　**しゃかい**持続可能な社会をつくるための**し ぜん り かい**自然理解

©FUJIOKA Tatsuya, 2021　　　　　　　　　　NDC374／viii, 197p／21cm

初版第1刷————2021年8月1日

著者————藤岡達也**ふじおかたつ や**
発行者————鈴木一行
発行所————株式会社 大修館書店
　　　　　　〒113-8541　東京都文京区湯島2-1-1
　　　　　　電話03-3868-2651（販売部）　03-3868-2299（編集部）
　　　　　　振替00190-7-40504
　　　　　　［出版情報］https://www.taishukan.co.jp

装丁・本文デザイン—mg・okada
印刷所————三松堂
製本所————牧製本

ISBN978-4-469-26915-4　　Printed in Japan

学校安全と危機管理 三訂版

渡邉正樹 編著　A5判　272ページ　定価2,420円（税込）

自然災害や犯罪から子供たちを守ることだけが学校安全ではない。学校では毎年100万件以上のけがが発生し，50人以上の子供が亡くなっている。安全なだけでなく安心して過ごせる学校であるために，教員を目指す学生と教職員が身に付けておくべき知識をコンパクトにまとめた学校安全のテキスト最新版。

レジリエントな学校づくり

教育中断のリスクとBCPに基づく教育継続

渡邉正樹・佐藤健 編著　A5判　208ページ　定価2,750円（税込）

レジリエントな学校とは，事件・事故や災害への高い「レジリエンス＝抵抗力・回復力」を持つ学校を指す。事業継続計画（BCP）の手法を導入することで，いち早く再開ができる学校づくりについて書かれた日本初の学校経営本。

実践 学校危機管理

現場対応マニュアル

星幸広 著　四六判　176ページ　定価1,430円（税込）

元警察官の筆者が，その豊富な経験と，学校犯罪の現場を自ら取材した結果を元に，今すぐ使える効果的な危機管理のノウハウを具体的に分かりやすく解説。安全管理のポイント，保護者・マスコミへの対応，不当要求への対応法も指南。

学校メンタルヘルスハンドブック

学校メンタルヘルス学会 編　A5判・函入　336ページ　定価4,730円（税込）

学校という場におけるメンタルヘルスについて網羅したハンドブック。1項目5ページ前後で知識理解と対応のヒントをまとめた。いじめ・うつ・ひきこもり・発達障害・虐待等の子どもの問題だけでなく，教職員・保護者が抱える問題，地域連携の問題も取り上げた三部構成。現場の問題に向き合い続ける学校関係者・医師・研究者を擁する学会が最新の知見を提供する。

教員のメンタルヘルス

先生のこころが壊れないためのヒント

大石智 著　四六判　232ページ　定価1,760円（税込）

メンタルヘルス不調による学校教員の休職者数が高止まりの状況にあるなか，不調になる教員が少しでも減少するために，不調になったとしても軽症にとどまり少しでも早く回復するために，教員自身，校長をはじめとする管理職，教育委員会人事担当者たち，それぞれができることをまとめた。